W0313737

Einsiedlerkrebs

Mehr Bäume.
Weniger CO_2.
www.cpi-print.de/umwelt

MIX
Papier aus verantwortungsvollen Quellen
FSC® C083411
FSC
www.fsc.org

Patrick Budgen:
Einsiedlerkrebs

Lektorat:
Sophie Schagerl

Alle Rechte vorbehalten

© 2021 edition a, Wien
www.edition-a.at

Cover und Gestaltung: Isabella Starowicz

Gesetzt in der Premiera
Gedruckt in Deutschland

1 2 3 4 5 — 24 23 22 21

ISBN 978-3-99001-476-9

PATRICK BUDGEN

EINSIEDLER KREBS

Wie ich aus dem schlimmsten Jahr meines Lebens das Beste machte

edition a

Für Mümi

Charlie Brown: Eines Tages werden wir alle sterben, Snoopy!

Snoopy: Stimmt, aber an allen anderen Tagen leben wir.

MONTAG, 2. NOVEMBER 2020
DIENSTAG, 3. NOVEMBER 2020

Wo könnte man einen Allerseelentag passender beginnen als am Friedhof? Noch besser, am zweitgrößten Friedhof Europas. Es ist 5.45 Uhr, als ich im Stockdunkeln vor dem imposanten »Tor 2« des Zentralfriedhofes am Stadtrand von Wien ankomme. Es nieselt, es ist kalt, neblig und irgendwie gruselig. Nachdem die Halloweenparty coronabedingt heuer ausgefallen ist, hole ich sie eben hier nach. Verkleidet habe ich mich allerdings nicht. Es ist eine ziemlich unchristliche Uhrzeit, um einen christlichen Feiertag zu begehen.

Aber ich habe ein Date. Besser gesagt, gleich mehrere. Mit Falco, Udo Jürgens, Beethoven und insgesamt sieben österreichischen Präsidenten. Zugegeben: Die Konversation bei dieser morgendlichen Zusammenkunft – ohne Kaffee, um diese Uhrzeit hat hier leider noch nichts geöffnet – werde ich allein am Laufen halten müssen. Aber das ist auch mein Job. Gemeinsam mit meinen Kollegen von Kamera und Ton melde ich mich gleich drei Mal live in unsere Frühstücks-TV-Sendung, um passend zum »Gedenktag an Verstorbene« von hier zu berichten. Meine Interviewpartnerin, eine junge Fremdenführerin, erzählt mir dabei viel Wissenswertes über den Friedhof und seine Bewohner. Etwa, dass er zu Beginn Imageprobleme hatte und man deshalb Promis aus anderen Friedhöfen der Stadt aus- und hier wieder eingegraben hat. Der Tod muss tatsächlich ein Wiener sein.

Mittlerweile ist es neun Uhr vormittags. Meine Reportagen für heute sind beendet, die nächsten für morgen früh müssen organisiert werden. Das Thema liegt auf der Hand: Corona. So wie schon die letzten Monate kommt auch unsere Sendung nicht ohne das Virus und seine Auswirkungen aus. Der Anlass diesmal heißt »Lockdown light« – Gewicht zunehmen wird man in dieser Zeit wohl trotz des an kalorienarme Produkte erinnernden Namen. Weil die Infektionszahlen massiv in die Höhe schießen, hat die Bundesregierung die Gangart wieder verschärft. Geschäfte dürfen zwar offen bleiben, doch es gelten ab morgen Ausgangsbeschränkungen. Das heißt konkret: Zwischen zwanzig Uhr und sechs Uhr früh darf man sein eigenes Zuhause nur verlassen, wenn man wirklich muss, um zur Arbeit oder zum Arzt zu gehen.

Für meine Freunde und Familie ist das eine echte Belastungsprobe. Schon wieder Lockdown. Schon wieder eingesperrt fühlen. Schon wieder so gut wie niemanden sehen. Ich bin wohl am gelassensten von allen. Denn mich kann so ein verordnetes Zuhausebleiben in diesem Jahr wahrlich nicht schrecken. Monatelang war ich quasi in meiner Wohnung eingesperrt. Ausgang hat es nur für Krankenhausbesuche gegeben. Dazu ständig die Gedanken daran, ob ich jemals wieder gesund werde, gepaart mit der optischen Verwandlung in einen glatzköpfigen Sumoringer – vermutlich dennoch ein leichtgewichtiger. Pah. Was kann mir da ein Lockdown schon anhaben? Und so bereite ich für den kommenden Morgen ein Gespräch mit einem Sprecher des Innenministeriums vor. Wann darf wer hinaus? Wie wird die Polizei das Ganze kontrollieren? Braucht man eine Bestätigung des Arbeitgebers?

Alles Fragen, die mich und, so hoffe ich, auch das Publikum interessieren. Am frühen Nachmittag ist mein Arbeitstag vorbei. Das denke ich zu diesem Zeitpunkt zumindest. Tatsächlich wird es der längste meines Lebens gewesen sein.

Es ist kurz nach zwanzig Uhr, als ich mich gemütlich ins Bett kuschle. Herrlich. Bei diesen Frühdiensten werden Erinnerungen an die Kindheit wach. Während ich mich damals mit Händen und Füßen gewehrt habe, so zeitig schlafen zu gehen, genieße ich es heute umso mehr. Es bleibt mir auch keine Wahl. Wenn der Wecker um 4.15 Uhr läutet und ich halbwegs ausgeschlafen aussehen will, heißt es um spätestens 20.30 Uhr »Gute Nacht« sagen. Wie immer vorm Schlafengehen checke ich am Handy noch die Nachrichtenlage. Auch auf Twitter. Plötzlich, um exakt 20.13 Uhr, poppt auf dem Account eines bekannten heimischen Journalisten folgende Nachricht auf: »Heftige Schießerei am Schwedenplatz. Polizeigroßeinsatz«.

Okay. Was ist da los? Der Journalist in mir ist auf einmal überhaupt nicht mehr müde. Ganz im Gegenteil. Sofort rufe ich den Chef unserer Nachrichtensendung »Wien heute« an, um ihm von dem Vorfall zu erzählen. Nach einem kurzen Telefonat steht fest: Ich fahre in die Innenstadt, um mir das genauer anzusehen. »Dann kann ich das in der Frühsendung gleich authentisch schildern. Das wird wohl das Thema sein, statt der neuen Lockdown-Regeln«, sage ich ihm, während ich aus dem Bett steige und mir ein weißes Hemd und Jeans anziehe, Socken auch, ein bisschen schwierig mit dem Handy zwischen Ohr und Schulter geklemmt. Was mich in dieser Nacht erwartet, ahne ich zu diesem Zeitpunkt noch nicht.

Nicht einmal ansatzweise. Ich schnappe mir ein paar leere Blätter Papier, einen Kugelschreiber, werfe mir meinen Mantel über und rufe mir ein Taxi. In den Schlagzeilen um 20.30, die gerade im Radio laufen, als der Wagen mich Richtung Tatort bringt, ist noch nichts von einer Schießerei zu hören. In den sozialen Medien, die ich am Handy abrufe, tauchen aber immer mehr Bilder, Videos und Infos auf. Von großräumigen Absperrungen ist die Rede und auch von Menschen, die sich vor Schüssen in Lokale gerettet haben. Als ich diese Zeilen lese, merke ich, wie mein Puls steigt und Blut in meinen Kopf schießt.

Das klingt plötzlich nicht mehr nach einer Schießerei zwischen verfeindeten Banden, woran ich zuerst dachte, sondern offenbar nach einem Amoklauf oder Ähnlichem. Der Taxifahrer, der erst merkt, dass etwas nicht stimmt, als wir ständig von Einsatzfahrzeugen überholt werden, lässt mich vor einer Polizeiabsperrung neben dem Ringturm aussteigen. »Bringen Sie sich sofort in Sicherheit. Sie können hier nicht bleiben!«, schreit mich ein uniformierter, junger Beamter an, als ich mich nach meinem Kameramann umschaue. Er hatte Rufbereitschaft und sollte hier irgendwo bereits erste Aufnahmen machen. Als der Polizist merkt, dass ich beruflich hier bin, senkt sich seine Aufgeregtheit merklich. Die Anspannung ist ihm aber nach wie vor anzumerken.

Als ich meinen Kollegen gefunden habe, legen wir sofort los. Doch mehr als Aufnahmen von Absperrbändern, vorbeirasenden Einsatzfahrzeugen und Polizisten in Uniform bekommen wir hier nicht. Mein Handy läutet. Eine Regieassistentin der »Zeit im Bild«, der wichtigsten Nachrichtensendung des Landes, ist dran. »Es läuft gerade eine Sondersendung. Wir möchten zu dir schalten. Bist du bereit?«, fragt sie mich, während bei ihr im Hintergrund laute und aufgeregte Stimmen zu hören sind. Das war wohl eher eine rhetorische Frage. Noch bevor ich sie beantworten konnte, hatte ich auch schon die Stimme von Armin Wolf im Ohr. Der in Österreich bekannteste Nachrichten-Anchorman fasst gerade die wenigen Informationen zusammen, die es zu dem Zeitpunkt gibt, ehe ich schon meinen Namen höre. »Für uns in der Innenstadt ist Patrick Budgen. Was ist Ihr aktueller Wissensstand?«, höre ich durch meine Bluetooth-Kopfhörer, die mit meinem Handy verbunden sind. Zum Glück habe ich kurz davor einen Pressesprecher der Polizei erreicht, der mir erste Ermittlungserkenntnisse bestätigen konnte. Und so konnte ich Armin Wolf und den Zusehern zu Hause von »mehreren bewaffneten Tätern« und »einem Toten« berichten. Außer meinen persönlichen Eindrücken von der bedrückenden und aufgeladenen Stimmung in der Innenstadt war noch nicht viel mehr drin. Trotzdem habe ich gefühlt zwei Minuten lang gesprochen und geschildert, bis die Stimme am anderen Ende der Leitung mit einem »Danke, Patrick Budgen aus der Innenstadt« signalisiert, dass ich nicht mehr auf Sendung bin. Das wäre also geschafft.

Während ich meine mit ersten Notizen beschmierten Zettel zusammensammle, wird mir die Tragweite dieses Ereignisses langsam bewusst. Es handelt sich offenbar um einen Anschlag, auch wenn das Motiv zu diesem Zeitpunkt völlig unklar ist. Viele Städte weltweit haben so etwas schon erlebt. Nizza. Paris. Berlin. London. Madrid. Brüssel. Wien war diesbezüglich bisher eine Insel der Seligen. Bis heute. Ich stelle mich also auf eine lange Nacht ein. Nur: Wie soll ich hier vor den Absperrungen zu mehr Informationen kommen? Kurzerhand fasse ich einen Entschluss. Mein Kameramann, ein Kollege – er hatte uns zuvor per Motorrad die sogenannte Live-U gebracht, ein System für TV-Live-Schaltungen in Form eines Rucksackes – und ich gehen schnellen Schrittes den mittlerweile gespenstisch leeren Ring entlang. Unser Ziel: die Zentrale der Wiener Polizei, ein paar hundert Meter entfernt vom Tatort. Durch meine mittlerweile 15-jährige Arbeit im ORF-Landesstudio weiß ich, dass dort ein Einsatzstab mit Vertretern aller relevanten Organisationen tagt, wann immer es kleinere, oder wie heute, größere Katastrophen gibt.

Nach wenigen Minuten stehen wir vor verschlossenen Türen. Der Eingang der Landespolizeidirektion, wie sie hochoffiziell heißt, ist mit dicken Stahltüren verschlossen. Ob das immer so ist oder speziell heute, weiß ich nicht. Einladend sieht jedenfalls anders aus. Und erwartet werden wir hier wohl auch nicht. Trotzdem drücke ich einen der beiden Knöpfe auf der Gegensprechanlage, neben dem »Inspektion« steht. Nach wenigen Sekunden meldet sich eine sonore Männerstimme, die in breitem Wienerisch »Ja, bitte?« sagt. »Patrick Budgen vom ORF ist hier«, erwidere ich. Noch bevor ich erklären kann, warum ich hier bin und was ich möchte, ertönt ein lautes Surren und die große, graue Tür öffnet sich.

Etwas verwundert treten meine Kollegen und ich ein und sehen im neongrellen Licht des karg wirkenden Foyers bereits ein bekanntes Gesicht. Es ist der Bürgermeister der Stadt mit seinen engsten Beratern, der gerade in den Aufzug steigt, offenbar in Richtung Stabsleitung. »Hier bin ich richtig«, sagt mir meine innere Stimme. Hier kann und werde ich zu relevanten Informationen kommen. Davor muss ich aber wohl noch jede Menge Überzeugungskraft an den Tag legen. Vor allem bei der Pressechefin der Polizei. Der Portier hat sie offenbar über unsere Anwesenheit informiert und sie scheint nicht wirklich amüsiert darüber, als sie die Treppen zu uns herunterkommt. Noch bevor sie Luft holen kann, um etwas vermutlich Vorwurfsvolles zu sagen, erkläre ich ihr unseren unangekündigten Spontanbesuch. »Ich habe ungefähr fünfzig Mal bei diversen Pressesprechern angerufen. Es hat leider niemand abgehoben, deshalb sind wir hier. Wir brauchen dringend ein Statement von offizieller Seite. Es schwirren so viele Gerüchte herum, wir brauchen unbedingt Fakten«, sage ich, vermutlich etwas zu aufgeregt und in ziemlich hohem Tempo. Doch statt mich abzuwimmeln und vor die Tür zu komplimentieren, entgegnet die etwa Vierzigjährige, für die Verhältnisse freundlich: »Ich werde schauen, was ich tun kann«, dreht sich um und verschwindet wieder in Richtung ersten Stock. Nur zwei Minuten später läutet mein Handy, dessen Akku bereits jetzt fast leer ist. Die Sprecherin ist am Telefon. »In zehn Minuten bekommt ihr jemanden vom Innenministerium zum Interview. Ihr seid die Ersten«, sagt sie mit ganz ruhiger Stimme. »Vielen Dank fürs Organisieren«, entgegne ich, lege auf, um sofort darauf den Newsroom darüber zu informieren. »Sobald du einen Interviewpartner hast, schalten wir zu dir«, sagt die erfahrene Redakteurin mit ihrer tiefen Stimme, die in dieser Nacht plötzlich zur Chefin vom Dienst und verantwortlich für diese Sondersendung geworden ist.

Aus den zehn Minuten werden fünfzehn. Achtzehn. Zwanzig. Meine zahlreichen Anrufe bei der Sprecherin – den Akku kann ich dankenswerterweise im Pausenraum der Polizistinnen und Polizisten hier laden – bleiben unbeantwortet. Mindestens genauso oft ruft mich die Kollegin im ORF-Zentrum an. »Hast du schon wen? Alle warten auf dieses Interview! Wann ist es so weit?«, fragt sie mich freundlich, aber bestimmt. Dann, nach einer gefühlten Ewigkeit (in Wirklichkeit waren es wohl zwanzig Minuten) kommt der neue Pressesprecher des Innenministeriums die Stiegen herunter. Mit Hemd, Sakko, perfekt gestylter Frisur und ernstem Blick. Ich kenne den Mann in meinem Alter beruflich schon seit Jahren, er war davor bei der Polizei, so angespannt habe ich ihn allerdings noch nie gesehen. Viel Zeit für Smalltalk bleibt nicht. Wie begrüßen uns und während er sich den Kragen seines weißen Hemdes richtet, rufe ich am Regieplatz an. »Der Sprecher des Innenministeriums ist jetzt bei mir. Ihr könnt jederzeit zu uns schalten«, sage ich der Regieassistentin am anderen Ende der Leitung.

Keine sechzig Sekunden später sind wir live. Ich habe mir auf einem meiner mittlerweile zerknitterten A4-Blätter von daheim Notizen mit möglichen Fragen gemacht, doch die brauche ich gar nicht. Intuitiv frage ich meinen Interviewpartner nach und nach zu den schrecklichen Ereignissen ab. »Was sind die neuesten Erkenntnisse? Ist es ein Terroranschlag? War es ein Einzeltäter? Stimmt das Gerücht, dass der Mann einen Sprengstoffgürtel umgeschnallt hat? Wie viele Tatorte gibt es?« Souverän antwortet mein Gegenüber sachlich und ruhig auf jede einzelne meiner Fragen. Und auch ich fühle mich innerlich ruhig. Hochkonzentriert, aber ruhig. Vor ein paar Monaten wäre ich in diesem Moment wohl aufgeregt gewesen. Vielleicht sogar nervös. Doch die vergangenen Monate haben mich verändert. Die Herausforderungen, Ängste und Sorgen, mit denen ich konfrontiert war, haben mich irgendwie geerdet. Am Ende des rund zehnminütigen Gesprächs wissen die Zuschauer – es sind bereits über zwei Millionen zu dem Zeitpunkt – und ich wesentlich mehr. Vor allem gibt es nun valide Informationen, direkt aus dem Einsatzstab, und keine Gerüchte oder Mutmaßungen wie davor.

Kaum signalisiere ich dem Sprecher, dass unser Interview vorbei ist, verabschiedet er sich und verschwindet wieder in Richtung ersten Stock des alten Gebäudes. Die kommenden Stunden melde ich mich fast halbstündlich in die Sondersendung. Einmal mit dem Bürgermeister vor dem Mikrofon. Dann vom Burgtheater, wo Zuschauerinnen und Zuschauer seit Stunden ausharren und nicht hinausdürfen. Dann spreche ich mit dem Chef der Wiener Berufsrettung, der die Situation am Tatort schildert. Und kurz vor zwei Uhr früh schließlich nochmal mit dem Stadtchef, der die traurige Nachricht eines weiteren Todesopfers verkündet. Am Ende waren es insgesamt vier Zivilisten, die ihr Leben verloren haben.

Gegen halb drei Uhr früh ist mein Arbeitstag zu Ende. Fast 24 Stunden lang bin ich zu diesem Zeitpunkt schon auf den Beinen. Müdigkeit? Fehlanzeige. Viel zu aufgewühlt und voller Adrenalin bin ich, als mich mein Kameramann dankenswerterweise durch die leeren Straßen nach Hause bringt. Auf dem Weg dorthin schaue ich das erste Mal in meinen WhatsApp-Posteingang, auf Twitter und in meine Mailbox. Wow.

Alles geht fast über. Ich habe dutzende Nachrichten bekommen. Von Freunden, Familie, ehemaligen Volksschulkolleginnen und -kollegen und auch Arbeitskolleginnen und -kollegen, die ich zu einem großen Teil gar nicht persönlich kenne. Sie alle gratulieren mir zu meiner Berichterstattung und zu den Interviews. Erst jetzt wird mir langsam bewusst, wie viele Menschen bei dieser Sendung zugeschaut haben müssen.

Zuhause angekommen wartet mein Freund Alex mit einem Glas Rotwein auf mich. Er ist auch die ganze Nacht aufgeblieben und hat die Sendungen im Fernsehen verfolgt. »Du warst großartig«, sagt er mir, als ich mich mit einem lauten Seufzer auf die Couch fallen lasse. Mein Job beeindruckt ihn sonst – zum Glück – relativ wenig. Viel Zeit zum Reflektieren und Austauschen haben wir aber nicht. Denn in einer Stunde muss ich wieder aufstehen. Die Frühstücks-TV-Sendung, für die ich ja eigentlich ein Interview zum Thema »Lockdown light« geplant hatte, fällt aus und macht Platz für eine stundenlange Sondersendung, die bereits um 5.45 Uhr beginnt. Und so verlasse ich frisch geduscht nach einer knappen Stunde Halbschlaf wieder das Haus, um an den Tatort zurückzukehren.

Alles ist weiterhin abgesperrt, allerdings nicht so großräumig wie noch in der Nacht. Und so kommen mein Kameramann, ein anderer Kollege, und ich deutlich näher zum Ort des Geschehens. Überall sind Einschusslöcher, neonfarbene Markierungen der Polizei und auch Blutflecken zu sehen. In weißen Schutzanzügen gekleidete Männer und Frauen der Tatortgruppe markieren vorsichtig Spuren und fotografieren jeden einzelnen Winkel. Es ist ein gespenstisches Bild. Nach und nach bekommen die Informationen der letzten Nacht ein trauriges Angesicht. Neben uns haben noch andere TV-Journalisten und Fotografen Aufstellung genommen. Bis elf Uhr Vormittag berichte ich hier über die neuesten Erkenntnisse. Über die Tatortarbeit. Darüber, dass die Polizei jetzt doch nur von einem Einzeltäter ausgeht. Und auch über die Zahl der Verletzten, die sich mittlerweile auf 24 erhöht hat.

Langsam spüre ich die Müdigkeit in meinen Knochen. Ich bin aber gleichzeitig stolz auf sie. Noch vor wenigen Monaten hat sich der Weg vom Bett ins Bad wie ein Marathon angefühlt. Jetzt bin ich seit fast dreißig Stunden auf den Beinen und im Einsatz und mein Körper spielt noch immer brav mit. Am Nachmittag bin ich noch als Gast in eine Talkshow eingeladen, um über meine Erlebnisse in der Nacht zu berichten. Um 19 Uhr bin ich dann endlich daheim und wirklich hundemüde. Kurz vor dem Schlafengehen schaue ich nochmal auf mein Handy. Nein, zum Glück keine Schreckensmeldung auf Twitter. Es ist eine SMS, die mich freut. »Habe bei der Wahl zu den Journalisten des Jahres gerade für dich gestimmt«, schreibt mir ein bekannter Pressesprecher. Waaaas? Ich kann es gar nicht glauben. Doch man hat mich für meine Berichterstattung in der Terrornacht offenbar tatsächlich nachträglich für den Preis nominiert. Und das ausgerechnet in dem Jahr, das für mich alles andere als preisverdächtig begonnen hat.

DIENSTAG, 4. FEBRUAR 2020

Corona liegt in der Luft. Genauer gesagt, die Angst davor. Und zwar in 10.000 Metern Höhe. Ich sitze im Flugzeug am Heimweg aus Thailand. Zwei Wochen Mutter-Sohn-Urlaub liegen hinter mir. Zum Glück ahne ich zu diesem Zeitpunkt noch nicht, was vor mir liegt. Meine knapp siebzigjährige Mum hat ihre Atemschutzmaske bereits nach zehn Minuten wieder abgelegt. »Ich krieg da doch überhaupt keine Luft. Das ist ein Blödsinn«, stellt sie entnervt fest. Ich lasse meine während des gesamten zehnstündigen Fluges aufgesetzt. Am Flughafen in Bangkok hat uns die Corona-Welle erfasst. Fast alle der Passagiere, nicht mehr nur asiatische, tragen einen Mund-Nasen-Schutz. Beim ewig langen Warten auf unsere Maschine – ich werde künftig nur noch direkt fliegen – schildere ich meinen Freunden per WhatsApp die für mich völlig irreale Situation: »Oida, in Bangkok am Flughafen schaut's aus wie auf einer Seuchenstation, alle haben eine Maske auf – ich auch ;)«. Gruppenzwang funktioniert auch am Beginn einer Pandemie. Denn bis zum Rückflug ist Corona bei uns während der vergangenen 14 Tage zwischen Sonne, Strand und Phat Thai kaum Thema gewesen. Ab und zu haben wir über chinesische Touristen gescherzt, die mit Mundschutz am Strand spazieren gegangen sind. Das war's aber auch schon.

Viel stärker hat mich etwas anderes beschäftigt: Meine »Dippel« am Hals, wie ich sie bis dahin genannt habe. Vor drei Monaten habe ich auf der linken Seite zum ersten Mal einen kleinen Knoten gespürt. Hypochonder wie ich bin, bin ich damit sofort zu meiner Hausärztin gegangen. »Nicht schlimm. Kommt nur von einem Infekt«, so ihre recht rasche Diagnose. Seitdem bin ich mit meinen angeschwollenen Lymphknoten – mittlerweile spüre ich vier davon ziemlich groß – beim Ultraschall gewesen, zwei Mal beim Blutbild und beim Hals-Nasen-Ohren-Arzt. Das Fazit: kein Grund zur Sorge. »Die Schwellungen kommen höchstwahrscheinlich von einer bakteriellen Infektion«, so hat der Fachdoktor die hohen Entzündungswerte in meinem Blut beurteilt und mir Antibiotika verschrieben.

Mit ihnen und der Hoffnung im Gepäck, dass diese gesundheitliche Geschichte damit erledigt ist, bin ich also nach Kho Lanta gereist. Jeden Tag drücke ich an meinem Hals herum und rede mir ein, dass die Knoten kleiner werden. Leider Fehlanzeige. Es ändert sich genau gar nichts. Und mit jedem Tag am Traumstrand male ich mir den Albtraum weiter aus. Was ist, wenn das Ganze doch etwas Ernstes ist? Warum gehen diese verdammten Lymphknoten nicht weg? Meine Mutter versucht mich täglich mit ihrem gegoogelten Halbwissen aus dem Internet zu beruhigen. »Das ist ganz bestimmt nichts Schlimmes. Da spricht alles dagegen«, betet sie mir wie ein Mantra vor. Ich merke trotzdem, dass mit mir etwas nicht stimmt. Als ich im Pool meine abendlichen Bahnen ziehe, rede ich sogar laut mit mir selbst und stelle mir die Frage: »Was ist los mit dir? Warum bist du dauernd so müde und fühlst dich nicht gut?«. Eine Antwort auf diese Fragen bekomme ich in diesem Urlaub leider (oder zum Glück?) nicht mehr. Beim Landeanflug auf Wien beschließe ich schließlich, mich sofort gründlicher durchchecken zu lassen. Nachdem die Antibiotika nicht gewirkt haben, muss der Grund für die Knoten an meinem Hals schließlich irgendwo anders liegen.

Als meine Mutter und ich samt unseren Koffern – wir haben schon wieder viel zu viel mitgenommen – in die Empfangshalle des Flughafens kommen, wartet schon mein Vater auf uns. Er hat – so wie alle anderen hier am Flughafen – keine Maske auf, warum auch, und belächelt uns für unser »Mitbringsel« aus Thailand. Corona ist hier also noch nicht gelandet. Nicht einmal in den Köpfen. In meinem eigenen ist in den nächsten Tagen auch recht wenig Platz dafür …

MITTWOCH, 12. FEBRUAR 2020

Gerade noch bin ich gemütlich durchs Leben geschippert, plötzlich befinde ich mich mitten auf hoher See, die leider nicht vergleichbar ist mit dem warmen Meer in Thailand. Die Wellen peitschen mir kalt ins Gesicht, alles wackelt, dreht sich und macht es mir nicht einfach, fest am Boden zu stehen. Während weltweit (nur) etwas mehr als 45.000 Menschen an der neuen Lungenkrankheit COVID-19 erkrankt sind und das neue Virus in den Hauptnachrichten nicht einmal eine Kurzmeldung ist, bin ich seit heute mit einer völlig anderen Diagnose konfrontiert. Vor drei Tagen hat man mir de facto gesagt, dass ich Krebs habe. Krebs. Ein Wort, das ich schon so oft verwendet habe, das mir dabei aber immer ganz weit weg vorgekommen ist. Krebs, das trifft doch nur die anderen. Krebs, das haben alte Leute oder die, die ungesund leben, viel rauchen und trinken, sich nicht von der Couch bewegen. Aber jetzt bin ich es. 36, eigentlich kerngesund, mitten im Leben und bis jetzt unverwundbar, zumindest gefühlt.

Noch ist nicht klar, was genau da in meinem Körper schlummert. Eine bösartige Erkrankung der Lymphknoten nennt es der Arzt beim Gespräch nach den ersten Untersuchungen. Ein Gespräch, von dem man immer annimmt, dass man es selbst nie führen muss. Aber plötzlich sitze ich da in dem kleinen, eher schmucklos eingerichteten Büro des Ober-Krebs-Kapazunders und höre genau das, wovor ich mich mein Leben lang gefürchtet habe. Als Hypochonder hatte ich mir im Laufe der Jahre schon allerhand Krankheiten vorgestellt. Von Meningitis über mehrere Gehirntumore bis hin zu einer Blinddarmentzündung. Aber plötzlich ist es kein Hirngespinst mehr, plötzlich ist es wirklich da, ganz echt und es betrifft mich. In nur wenigen Tagen habe ich im Krankenhaus nun mehr Untersuchungen absolviert als in den 35 Jahren davor zusammen. Mir wurde gefühlt ein Liter Blut abgenommen, ich wurde von Kopf bis Fuß geröntgt und zuletzt hat man mich noch samt radioaktivem Material im Körper für dreißig Minuten in eine Röhre gesteckt. Das ist wohl nicht nur für einen ängstlichen Menschen wie mich ein absoluter Albtraum, einer, der aber nach dem Aufwachen in der Früh leider nicht aufhört.

Die genaue Diagnose steht in zwei Tagen fest. So wie es aussieht, dürfte es eine Form von Lymphdrüsenkrebs sein. »Unter Ärzten heißt es, wenn man sich einen aussuchen kann, dann den«, hat mir der Chefradiologe nach der Untersuchung gesagt. Und auch der Onkologe ist optimistisch, dass man die bösen Zellen in meinem Körper gut behandeln beziehungsweise sogar ganz heilen kann. Trotzdem macht mich die Ungewissheit wahnsinnig. Was kommt auf mich zu? Wie lange werde ich eine Chemotherapie brauchen? Fallen mir die Haare aus? Und die am meisten belastende Frage: Werde ich daran sterben? Zum ersten Mal in meinem Leben klopft der Tod an meine Tür. Zugegeben noch ganz leise, aber er verschafft sich zum ersten Mal Raum in meinem Leben und dieses Gefühl ist, ich kann es nicht anders beschreiben, scheiße.

Die Tage über versuche ich mich so gut es geht abzulenken. Meine Familie und meine Freunde kreisen seit der Diagnose wie eine Armee aus Schutzengeln um mich herum, sprechen mir Mut zu und sind für mich da. Ein wirklich schönes Gefühl. Auch weiter entfernte Freunde und Kollegen, die davon erfahren haben, melden sich plötzlich. Wobei sich manche SMS fast schon wie Nachrufe oder Kondolenzschreiben lesen, was nicht wirklich stimmungsaufhellend wirkt. Auch wenn ich rational weiß, dass die Chancen, diese Krankheit zu überleben, sehr hoch sind, bleibt die Angst in mir drinnen. Ich hoffe sehr, dass die genaue Diagnose und der Behandlungsplan diesen Zustand zumindest etwas ändern. Denn ich will leben, lachen und weiter die Welt sehen. Und mich nicht von einem Krebs, wie immer er auch heißt, davon abhalten lassen. Dass mich daran in nächster Zeit nicht nur der Krebs, sondern auch ein neuartiger Virus hindern wird, ahne ich zu diesem Zeitpunkt natürlich noch nicht.

DONNERSTAG, 13. FEBRUAR 2020

Prack. Zack. Bumm. Früher als erwartet ist die endgültige Diagnose da. Per Telefon gibt es die erste Auskunft von einem überaus einfühlsamen Arzt, den ich ab jetzt wohl öfter sehen werde. Auch wenn man noch so sehr damit rechnet, es zu hören ist doch noch einmal etwas anderes: »Der Verdacht hat sich leider bestätigt, Sie haben eine bösartige Lymphdrüsenerkrankung«, sagt die Stimme am anderen Ende der Leitung. »Ist es ein Hodgkin?«, frage ich fast in seine letzte Silbe hinein. »Ja, ist es«, sagt er. Völlig absurderweise entfährt mir ein Jubelschrei. Denn der Hodgkin – ein Name, den ich davor noch nie gehört habe – gilt als der am besten heilbare unter den Lymphdrüsenkrebsarten mit einer Heilungschance von über neunzig Prozent, das hatte ich bereits im Vorfeld gegoogelt.

Dass ich mich einmal über eine »bessere« unter den Krebsarten freuen würde, hätte ich mir auch nicht gedacht. Sofort greife ich zum Telefon und rufe Familie und Freunde an, die die letzten Tage mit mir gezittert und gewartet haben. Voller Euphorie verkünde ich, dass es die harmloseste Version dieser Arschloch-Krankheit ist. Eine Euphorie, die meine geschockten Gesprächspartner etwas überfordert und verwundert. Denn das Wort Krebs löst wohl bei den meisten von uns nach wie vor den Gedanken aus, dass es mit den Betroffenen bald vorbei ist und man sich langsam verabschieden sollte.

Als Erstes rufe ich meinen Lebensgefährten Alexander an, der ebenso schockiert reagiert, da er wohl bis zuletzt gehofft hat, dass sich alles als einfache Virusinfektion herausstellt. Er lässt in seinem Büro alles liegen und stehen und kommt sofort nach Hause, um mit mir gemeinsam ins Spital zu fahren, um den Befund zu besprechen. In der Garderobe schnappe ich mir intuitiv eine Kappe und setze sie auf, irgendwie habe ich das Gefühl, dass meine Haare jetzt schon weg sind, obwohl das natürlich noch nicht der Fall ist.

Im Spital angekommen warten wir in einem recht schäbigen Gang, in der onkologischen Abteilung. Onkologie! Eine Abteilung, an der man in Krankenhäusern immer vorbeigeht und hofft, dass man dort nie landet. Jetzt bin ich hier und zwar nicht als Besucher, sondern als Patient. Mit einem breiten, freundlichen Lächeln begrüßt uns der Oberarzt, der sich extra schnell die Zeit freigeräumt hat, um mir alles zu erklären und den Fahrplan der nächsten Wochen und Monate zu besprechen. »Die gute Nachricht zuerst, es ist kein Todesurteil und Sterben ist absolut kein Thema«. Ein Satz, der mich sehr beruhigt, aber ganz stark nach einem »aber« klingt. »Bei der CT-Untersuchung haben wir festgestellt, dass in Ihrer linken Körperhälfte mehrere Areale von der Erkrankung betroffen sind, auch der Oberschenkel.« Ein Satz, der wie ein Fallbeil auf mich einschlägt. Im Knochen? Metastasen? Was bedeutet das? Der wirklich sympathische und besonnene Mediziner merkt meine Angst und setzt sofort nach. »Das hat nichts mit Metastasen zu tun, das sind die Lymphbahnen, das ist Teil dieser Hodgkin-Erkrankung«. Mein Puls verlangsamt sich unmerklich, aber es ist zumindest eine Entwarnung und die schlimmsten Bilder, die ich mir binnen Sekunden in meinem Kopf ausgemalt habe, verschwinden zumindest ein wenig.

Trotzdem haben es auch die nächsten Infos in sich, die der Doc für mich parat hat. »Wir müssen nächste Woche mit der Chemotherapie beginnen, die sechs Monate lang dauern wird.« Wow. Sechs Monate, ein halbes Jahr. Sofort tauchen in meiner Vorstellung leidende, glatzköpfige Menschen auf, die an einem Tropf hängen und aufs Sterben warten. Mitten in meine Gedanken hinein erklärt er mir den Zyklus, wie das bei Chemotherapien heißt. Am ersten Tag eine Infusion, dann sechs Tage lang Medikamente, am achten Tag wieder eine Infusion, danach zwei Wochen lang Pause – das Ganze insgesamt acht Mal. »Werden mir die Haare ausfallen?«, frage ich ihn, fast schon in einer Art Ruhe, die in den letzten Minuten in mir eingekehrt ist. »Ja, das werden sie. Auch die Augenbrauen. Aber die wachsen nach Ende der Therapie wieder nach«. Es sind fast zu viele Informationen für mich, mein Kopf kommt mit dem Denken und Verarbeiten nicht nach. »Sie werden sehen, Sie werden da gesund wieder herauskommen und eine ganz normale Lebenserwartung haben. Aber das nächste halbe Jahr wird hart«, erklärt mit der Arzt Anfang fünfzig.

Ich – ganz Journalist – will mir sofort ein Bild von dem machen, was mich da die kommenden Monate erwartet und frage ihn, ob ich mir die Station anschauen darf, die ich in der kommenden Zeit öfter sehen werde. Der Arzt, Alexander, der alles mitgeschrieben hat und mir ein großes Gefühl der Sicherheit in dieser schrecklichen Situation gibt, und ich gehen aus dem alten Pavillon ein paar Schritte weiter in ein ziemlich neues Gebäude. Viel Glas, hell und freundlich schaut es aus. Als wir auf die Station kommen, bestätigen sich meine

Bilder, die ich vorher im Kopf hatte. Viele glatzköpfige Menschen, die an Infusionen hängen und alles andere als gesund ausschauen. Einzig ein älterer Herr, der ganz hinten an einem Holztisch sitzt, scherzt lebhaft mit einer Krankenschwester. Mit dem könnte ich es auch lustig haben, denk ich mir. Nach fünf Minuten beenden wir unseren Rundgang und der Arzt verabschiedet sich freundlich von uns. »Bis Montag, wir schaffen das schon«, sagt er.

Ich habe das dringende Bedürfnis, bei meiner Familie zu sein. Alexander und ich fahren vom Krankenhaus direkt nach Hause zu meinen Eltern, um sie über den Fahrplan und die genaue Diagnose zu informieren. Meiner stets optimistischen Mutter fällt es merklich schwer, ihre Zuversicht zu behalten, bei all den Informationen. Auch wenn es so gut wie sicher ist, dass ich nicht an dieser Krankheit sterben werde, ist die Aussicht auf sechs Monate Chemotherapie alles andere als ein Kindergeburtstag. Nach langen Gesprächen kommen wir aber zu dem Schluss: »Wir schaffen das. Gemeinsam«. Es ist ein gutes Gefühl, so starken Rückhalt in einer solchen Situation zu haben, auch wenn mir die Angst vor dem, was jetzt kommt, bereits tief in der Brust sitzt.

FREITAG, 14. FEBRUAR 2020

Es ist Valentinstag. Alle Zeitungen und Fernsehwerbungen sind voll von Blumen, Schokolade und Liebenden, die sich küssen und umarmen. Für mich hat der Valentinstag heuer einen Strauß voller Sorgen, Angst und auch Panik parat. Langsam verankern sich in mir die Gedanken daran, was in den nächsten Monaten auf mich zukommen wird. Wobei es nach dem Aufwachen immer ein paar Stunden dauert. Ist das wirklich alles passiert? Habe ich das nur geträumt? Diese Fragen stellen sich mir nur kurz, denn das riesige Pflaster auf meinem Hals, an jener Stelle, an der man mir einen der bösen Lymphknoten entfernt hat, gibt mir recht schnell eine klare Antwort. Das Gefühl in mir ändert sich fast stündlich und kommt und geht in Wellen. Abwechselnd denke ich: »Ich schaffe das schon. Es hätte mich noch viel schlimmer erwischen können«, und: »Ich habe keine Kraft für das alles und es wäre besser, einfach vor ein Auto zu laufen und sich das Ganze zu ersparen.«

Fast minütlich melden sich Freunde und Familie bei mir. Alle von ihnen haben natürlich das Wort »Hodgkin« gegoogelt. Ich merke, dass ihnen die Informationen, die sie bei Dr. Google gelesen haben, Zuversicht und Beruhigung geben. Ich habe mir das Recherchieren im Internet dazu ab sofort verboten. Ich kenne mich. Statt die vielen positiven Infos und guten Krankheitsverläufe zu lesen, würde ich mir das Schlimmste herauspicken und in meinem Hirn wie ein Post-it festkleben. Deshalb lass ich es lieber. Ich habe heute aus dem Bauch heraus allerdings zwei Entscheidungen getroffen.

Erstens: Ich möchte meine Genesung nicht zu Hause absolvieren. Ich habe die letzten Monate dort zu oft zu schlecht geschlafen, mir zu viele Sorgen gemacht und nicht zuletzt auch die Diagnose sitzend an unserem gläsernen Esstisch erfahren. Ich muss da raus, brauche einen Tapetenwechsel. Eine Stunde von Wien entfernt haben meine Eltern seit zwanzig Jahren ein kleines Haus mit großem Garten. Viele schöne, unbeschwerte Stunden habe ich als Kind dort verbracht. Ostern ist nach wie vor ein Fixtermin, an dem sich die ganze Familie in Pitten trifft. Der Gedanke an diesen Ort, den Garten, die gute Luft und die Natur lässt in mir seit langem so etwas wie ein Wohlgefühl aufkommen. Hier möchte ich mich erholen, Kraft tanken und Freunde und Familie empfangen.

Die zweite Entscheidung setze ich gemeinsam mit Alexander gleich in die Tat um: Ich lasse mir die Haare abrasieren. Ich eitler Kerl, der täglich 15 Minuten vor dem Spiegel verbringt, um seine Frisur mit Haarwachs in die richtige Form zu bringen. Ich kann meinen Entschluss selbst nicht glauben. Aber es ist Intuition. Ich weiß, mir werden die Haare ausfallen, doch statt darauf zu warten möchte ich zumindest in diesem Punkt das Heft – beziehungsweise den Rasierer – selbst in der Hand haben. In unserem Badezimmer greift Alexander zum Bartschneider und legt los. Mit dem surrenden Geräusch im Hintergrund sehe ich nach und nach, wie meine pechschwarzen Haarsträhnen auf den Boden fallen. Ich sitze mit dem Rücken zum Spiegel und habe Angst vor dem Ergebnis. Leider sind unsere Bartschneider nicht besonders scharf, deshalb müht sich mein Aushilfsfriseur redlich damit ab, wirklich alle Haare zu erwischen. Beim richtigen Friseur wollte ich das nicht machen lassen, dieses Ritual schien mir dafür zu privat.

Nach etwa zwanzig Minuten ist meine »neue Frisur« fertig. Voller Aufregung in den Knochen schaue ich in den Spiegel und bin überrascht. So schlimm schaut es gar nicht aus. Gar nicht so krank, wie ich es mir ausgemalt habe. Mein Bart, den ich seit meinem 18. Lebensjahr trage, ist zu diesem Zeitpunkt noch da. Weil ich aber weiß, dass auch dieser ausfallen wird, greife diesmal ich zum Rasierer und mache kurzen Prozess. Mit viel Schaum und Wasser rasiere ich mir nach und nach mein Markenzeichen ab. Ich schaue in den Spiegel und blicke prüfend in mein »neues Gesicht«. Jünger schaut es aus, sehr ungewohnt, aber zum Glück nicht so schlimm, wie ich es mir vorgestellt hatte. Ich mache ein Selfie von mir und schicke es mit #newstyle in unsere WhatsApp-Familiengruppe. Binnen Minuten poppen die Antworten meiner Eltern und Brüder auf und alle sind sich einig: Ich schaue aus wie die junge Version meines Vaters. Da hätte mir wahrlich Schlimmeres passieren können.

MONTAG, 17. FEBRUAR 2020

Der kleine Koffer ist gepackt. Normalerweise verwende ich ihn für kurze Städtetrips oder Wellness-Wochenenden, die wir gerne machen. Diesmal ist es leider alles andere als ein Urlaub mit Sauna, Dampfbad und Massage, für den ich Trainingsanzug, Waschzeug und meinen Laptop einpacke. Heute wird es ernst. Um 8 Uhr haben mich die Ärzte auf die Abteilung für Onkologie des Kaiser-Franz-Josef-Spitals bestellt. 3. Medizinische Abteilung, Station D. Die Nacht war recht kurz, vor lauter Aufregung konnte ich wenig schlafen. Auch das Frühstück schmeckt mir nicht so richtig.

Kurz vor halb acht machen Alexander und ich uns auf den Weg. Hunderte Male bin ich diese Strecke schon gefahren. In die Richtung, in die wir heute abbiegen, allerdings noch nie. Als mit einem Druck auf den automatischen Öffner die Türe zur Station aufgeht, wiederholen sich die Bilder, die ich schon wenige Tage zuvor gesehen hatte. Hauptsächlich ältere, krank aussehende Menschen, die an einen Tropf angehängt durch den zwar modern gebauten, aber eher geschmacklosen Gang wandeln oder zusammengekrümmt in einem Bett liegen. Die äußerst sympathische und energisch wirkende Stationsschwester begleitet Alexander und mich zum »Tagesraum«, ein Abschnitt mitten am Gang mit einigen Tischen und Stühlen und einer kleinen Kaffeebar, an der es auch Obst gibt. Neben uns sitzen einige ältere Herren, ebenfalls mit gepackten Taschen. Die meisten von ihnen dürfen heute nach Hause gehen, erfahre ich durch ihre Gespräche, die sie in ziemlich hoher Lautstärke führen. Der Patient neben uns, ein Mann um die sechzig mit schütterem Haar, sorgt bei uns zumindest kurzzeitig für einen Lacher. Denn plötzlich legt er die kleine Boulevardzeitung, die er eben noch gelesen hatte, zur Seite und beginnt, sich mitten auf der onkologischen Station die Nägel zu schneiden. Seine abgezwickten Nägel wischt er mit dem Handrücken einfach auf den Boden. Alexander setzt schon an, sich darüber lauthals zu echauffieren, doch ich beruhige ihn und wir nehmen es mit Humor.

Nach zweistündigem Warten ist mein Zimmer fertig. Ein Einzelzimmer mit kleinem Tisch, zwei Sesseln, einem Bett und sogar einem kleinen Balkon. Die Sonderklassenversicherung, die ich jahrelang eingezahlt habe, hat sich ausgezahlt. Auch, wenn ich sie lieber für einen etwas »angenehmeren« Spitalsaufenthalt in Anspruch genommen hätte. Als wir meine Sachen auspacken und uns einrichten, wird mir alles plötzlich viel bewusster. Ich bin wirklich im Krankenhaus, ich habe wirklich Krebs und morgen beginnt eine kräftezehrende und anstrengende Therapie. Sowohl der Chefarzt der Onkologie, der mich seit meinem ersten Besuch hier betreut hat, als auch der Stationsarzt klären mich noch einmal über die möglichen Nebenwirkungen auf. Die Haare werden mir ausfallen, meine Haut wird empfindlich auf Sonne reagieren, meine Schleimhaut im Mund anfällig für Infektionen und mein Sperma unfruchtbar. Ein Rundum-Sorgenpaket, das mit der Chemotherapie frei Haus mitgeliefert wird.

Auch meine Heilungschancen sind wieder Thema. Sie liegen bei neunzig Prozent. Kein schlechter Schnitt eigentlich, aber wenn einen diese Möglichkeit, zu den übrigen zehn Prozent zu gehören, plötzlich selbst betrifft, fühlt sich das schon ganz anders an. Auch wenn ich weiß, dass es auch bei viel harmloseren Krankheiten eine ähnlich hohe Wahrscheinlichkeit zu sterben gibt, die Angst davor ist in mir nach wie vor groß.

Doch bevor der Kampf gegen die bösen Zellen beginnen kann, muss ich noch einen kleinen Eingriff über mich ergehen lassen. Ein sogenannter »Port-a-Cath« wird mir eingesetzt. Ein kleines, grau-weißes rundes Teil, das mir in der Brust unter die Haut eingepflanzt wird und durch das die heilenden, giftigen Flüssigkeiten in den nächsten Monaten direkt in meine Venen geschossen werden können, ohne dafür ständig in die Armbeuge stechen zu müssen. Da würden die Venen nämlich über kurz oder lang irgendwann den Geist aufgeben, hat man mir erklärt.

Ein nach Schweiß und Zigaretten riechender Bettenschieber holt mich aus meinem Zimmer und schiebt mich vor die Tür meiner Station. Per Kleinbus werde ich dann auf die Angiologie chauffiert. Ich habe ein kleines Déjà-vu-Erlebnis, denn so ähnlich war es auch vor einer Woche, als man mir den Lymphknoten entfernt hat. Zwei äußert herzliche und lustige OP-Schwestern bereiten mich auf den Eingriff vor, bis der Arzt plötzlich neben mir steht. Er ist Halb-Kroate mit kleiner Tochter, wie er mir während der Operation erzählt, er setzt mir mit viel Routine und Geschick den Port-a-Cath ein und schließt ihn an meine Venen an. Es ist ein seltsames Gefühl. Aber während der Eingriffe oder Behandlungen ist meine Laune am besten und der Schmäh mit dem Krankenhauspersonal rennt gut. Vielleicht einfach eine gute Ablenkung von all den schlechten Nachrichten, die in den letzten Tagen nur so auf mich eingeprasselt sind.

Nach dreißig Minuten ist der Eingriff vorbei und ich liege wieder in meinem Einzelzimmer. Meine beste Freundin Eva ist jetzt auch da, sie hat mir ihren herrlichen Apfelkuchen mitgebracht. Als Nachspeise zur Kartoffel-Fisolen-Mischmasch-Krankenhauskost gibt es zumindest eine kulinarische Freude an diesem Tag. Wir reden noch lang über das Schicksal, die kommenden Monate und die Frage, warum es mich getroffen hat. Eine Antwort darauf finden wir freilich nicht, vielleicht finde ich sie in den kommenden Monaten. Was ich auf jeden Fall bis jetzt in meinem Leben gefunden habe, sind echte und wirklich gute Freunde. Und für die bin ich sehr dankbar. Heute mehr als je zuvor.

DIENSTAG, 18. FEBRUAR 2020

Ab heute wird zurückgeschossen – und zwar ziemlich scharf. Nach zwei kurzen Voruntersuchungen, eine davon in einem anderen Krankenhaus, geht es mit der Therapie los. Das Wort »Chemo« nehmen hier im Krankenhaus die wenigsten Ärzte, Schwestern und Pfleger in den Mund, wohl weil sie wissen, welchen unguten Beigeschmack der Begriff hat. Um 14 Uhr hängt mir die ziemlich beleibte, aber genauso herzliche Schwester die Infusionen zur Vorbereitung an. »Wenn wir mit dem Christbaum fertig sind, dann geht's los«. An diesem Christbaum, wie sie den Infusionsständer nennt, hängen leider keine Schokoschirme oder Kugeln, sondern drei prall gefüllte Beutel mit durchsichtiger Flüssigkeit. Gegen Übelkeit, gegen allergische Reaktionen, gegen Brechreiz – vor all dem sollen die Flüssigkeiten meinen Körper schützen und vorbereiten auf das, was ab jetzt auf ihn zukommt.

Nach etwa neunzig Minuten ist es so weit. »Jetzt wird es ernst«, sagt die Schwester und hängt mit einem gekonnten Handgriff die erste Chemotherapie-Infusion an meinen frisch implantierten Port-a-Cath. Es fühlt sich seltsam an. Beängstigend und beglückend zugleich. Denn endlich wird das, was seit Monaten in meinem Körper wütet, gezielt bekämpft. Als die ersten Tropfen durch den durchsichtigen Schlauch in meinen Körper tropfen, warte ich fast sekündlich auf die ersten Nebenwirkungen. Wann kommt der Brechreiz? Wann wird mir schwindlig? Aber solange die Flüssigkeit, deren Namen ich mir nicht gemerkt habe, in mich hineinfließt, passiert gar nichts. So wie es der Ober-Kapazunder, der mich täglich auf seinem Rundgang besucht, prophezeit hat.

Was ich zu diesem Zeitpunkt allerdings noch nicht weiß: Der viereckige, längliche Beutel ist nur der erste von vielen, die ich von nun an am Beginn eines Zyklus bekomme. Es gibt kleinere mit roter Flüssigkeit, noch kleinere mit durchsichtiger, dazu kommen die großen vom Beginn. Dazwischen, quasi als kleine Zwischenmahlzeit, wird mein Körper immer wieder mit Ringerlösung durchspült, damit die Nieren dieses seltsame Spiel mitspielen. Als ich diese Zeilen tippe, stehen mir noch zwei Ladungen bevor, einmal um 22 Uhr und einmal um zwei Uhr früh – an Schlafenszeiten hält sich so ein Therapieplan leider nicht. Ich fühle mich zwar etwas müde, ab und zu habe ich den Anflug einer leichten Hitzewallung, aber alles in allem geht es mir ganz gut – trotz der Chemie, die da gerade in mich gepumpt wird, oder vielleicht gerade deshalb. Denn mit heute, so mein fester Plan, hat die Genesung begonnen.

PS: Ich habe heute hier drin auch eine neue Verbündete gefunden. Sie heißt Ermine, kommt ursprünglich aus der Türkei und ist hier auf der Station immer wieder als Gehilfin im Einsatz. Sie bringt das Frühstück und Handtücher, schaut, dass die kleine Kaffee- und Teebar im Gangbereich immer gut gefüllt ist und sie sorgt bei mir für gute Laune. Als Einzige ist sie sofort per du mit mir, was ich als äußerst angenehm und entspannend in dieser belastenden Situation empfinde, und mit einem Lächeln von uns beiden ist klar, wir mögen einander. Sie erzählt mir von ihrer besten Freundin, »fast wie eine

Schwester, weißt du«, die vor kurzem ebenfalls Krebs hatte und ihn besiegt hat. Solche Geschichten machen in meiner Situation wirklich Mut und Hoffnung. Auch ein paar Ernährungstipps hat sie für mich parat: Viel Rote-Rüben-Saft soll ich trinken, kein Cola, das sagt sie mit einem Blick auf eine Flasche, die auf meinem Tisch steht (sie gehört Alex). Gut gemeinte Ratschläge, die sich nach einem Gespräch mit dem Arzt als ziemlich nutzlos erweisen. »Essen Sie während der Chemo, was sie wollen und worauf sie Lust haben, danach ist ein gesunder Lebensstil wichtig«. Das sollte mir beides nicht so schwerfallen, vor allem zweiteres habe ich bereits vor meiner Krankheit täglich praktiziert. Den Hodgkin hat das leider nicht beeindruckt.

SONNTAG, 23. FEBRUAR 2020

Mein Laptop streikt. Vermutlich war ihm das, was ich ihm in den letzten Tagen gefüttert habe, ebenso zu viel wie mir. Auf einmal lässt er sich in meinem Zimmer im Krankenhaus nicht mehr einschalten, deshalb kann ich erst heute weiterschreiben. Eine kleine Pause von den Eindrücken und Erlebnissen der letzten Woche hat mir allerdings eh nicht geschadet. Nach einer Reihe von Infusionen durfte ich am Donnerstag das Spital verlassen. Die Ärzte haben mir gleich zwei gute Nachrichten nach Hause mitgegeben. Die Therapie dauert voraussichtlich »nur« bis Ende Mai, also gut zwei Monate kürzer, als ich zuerst gedacht habe. Ich bin mir dabei nicht ganz sicher, ob ich etwas falsch verstanden habe, oder die Ärzte die Therapie geändert haben. Und die noch viel bessere Nachricht: Schon nach den ersten paar Tagen sind die Entzündungswerte in meinem Blut massiv zurückgegangen. Als mir der Ober-Doc diese Nachricht überbringt, spüre ich zum ersten Mal so etwas wie Erleichterung. Wie aus dem Nichts heraus balle ich meine Hand zu einer Siegesfaust und stoße einen leisen Freudenschrei aus.

»Das Blutbild ist wirklich schön. Es ist alles so, wie es sein soll«, sagt der Herr Primar und gibt meiner Freude damit neuerlichen Aufschwung. So, jetzt erst einmal nach Hause. Meine Mutter ist gekommen, um mich abzuholen. Mit meinem kleinen Koffer und allerhand Mitbringsel, die mir Freunde ins Spital gebracht haben, machen wir uns auf den Weg.

Kurz wollte ich in den Arztbrief hineinlesen, doch die ersten Worte und medizinischen Fachausdrücke haben mich gleich von der Idee abkommen lassen. Es ist zwar nicht so, dass da irgendetwas Neues drinstehen würde, aber alles nochmal schwarz auf weiß zu lesen dreht mir kurz den Magen um.

Zum Glück nur sprichwörtlich. Denn mein Appetit ist auch nach den Unmengen an Flüssigkeiten, die in den letzten Tagen durch meinen Körper geronnen sind, noch da. In der elterlichen Wohnung bekomme ich Palatschinken mit Marillenmarmelade. Eine herrliche Abwechslung zur Krankenhauskost. Kaum habe ich sie aufgegessen, überfällt mich eine Müdigkeit, die ich in diesem Ausmaß bisher kaum gekannt habe. Wie ein Kartoffelsack liege ich auf der weißen Eckbank und mir fallen die Augen zu. Auch als Alex kommt, um mich abzuholen, werde ich nicht munter und werde es an diesem Tag auch nicht mehr. Das Wochenende, so haben wir beschlossen, verbringen wir im Sommerhaus meiner Eltern in Pitten. Alex hat alles zusammengepackt und wir machen uns mit unserem Auto auf den Weg.

Kaum verlassen wir die Stadtgrenze, macht sich in mir ein Gefühl der Freiheit breit. Irgendwie spüre ich, wie der Druck, die Angst und die Bilder der letzten Tage hinter mir bleiben. Ich mache die Augen zu und lasse mir von der Sonne in meinem Gesicht das Blut durch meine Lider rot aufleuchten. Die einstündige Autofahrt vergeht wie im Flug, das Wochenende leider nicht. So sehr ich mich auf die Entspannung und Erholung gefreut habe, so sehr will und will sie nicht einsetzen. Die Gedanken in meinem Kopf drehen sich im Kreis, ich merke, wie mein sonst sehr fitter und starker Körper durch die Behandlung geschwächt ist. So soll das jetzt die nächsten Wochen weitergehen? Wie soll ich das schaffen?

Ich merke, wie sich Verzweiflung in mir breitmacht, die mir auch niemand in meiner Umgebung nehmen kann. Stundenlang liege ich auf der Couch oder im Bett und fühle mich wie ein überreifer Apfel, der nur noch mit einer Faser seines Stängels am Baum hängt und mit aller Kraft versucht, nicht auf den Boden zu fallen. Bisher gelingt es mir, auch durch das Schreiben dieses Tagesbuches.

DIENSTAG, 25. FEBRUAR 2020

Während der Karneval in Venedig wegen des Coronavirus (da war ja noch etwas, gefühlt allerdings noch ganz weit weg) abgesagt wurde, findet bei mir im Spitalszimmer eine Maskerade der etwas anderen Art statt. Es gibt sozusagen Chemo-Nachschlag in Runde eins. »Ende des ersten Zyklus« nennt sich das in der Medizinersprache. Nachdem mir zeitig in der Früh Blut abgenommen wurde und ich von Blutdruck bis Sauerstoffsättigung durchgecheckt wurde – das passiert von nun an vor jeder Behandlung – klopft es plötzlich an der Tür. Einer der Oberärzte öffnet sie, gefolgt von einer Entourage von Jungärztinnen und -ärzten sowie einer Krankenschwester. Sie alle sind maskiert. Allerdings nicht mit so kunstvollen, handgearbeiteten Masken wie in Venedig, sondern mit hellgrünen Spitals-Schutzmasken. »Wie wir es erwartet haben, ist die Anzahl Ihrer weißen Blutkörperchen durch die Therapie massiv gesunken. Deshalb müssen Sie ab sofort besonders vorsichtig sein. Das heißt, entweder Sie oder alle anderen müssen eine Maske tragen, um eine Ansteckung mit einem Virus oder einem Bakterium zu verhindern. Aber es läuft alles so, wie es sein soll.« Diesen letzten Satz höre ich fast nicht. Vielmehr manifestiert sich in mir der nächste Schock: Isolation. Maske. Immunsystem im Keller. Lauter Dinge, die ich vorher schon wusste, aber wie so oft in diesen Tagen: Wenn sie dann da sind, ist es noch einmal etwas anderes.

An die hellbraune Türe meines Zimmers wird ein folierter Zettel mit der Aufschrift »Schutzisolierung« geklebt, davor ein kleiner Wagen mit allerhand Hygieneartikel geparkt. Denn ab sofort darf das Krankenhauspersonal sowie Besuch nur noch mit Maske und Handschuhen zu mir ins Zimmer kommen. Ich fühle mich wie ein Aussätziger. Doch eine meiner Lieblingskrankenschwestern beruhigt mich gleich: »Das hat nichts damit zu tun, dass du krank bist, sondern ist dafür da, dass du nicht krank wirst.« Aber immerhin: Meine Blutwerte sind gut genug, damit wir mit der nächsten Infusionsrunde starten können. Der Chemo-Nachschlag ist im Gegensatz zur ersten Ladung fast ein »Portiönchen«. Zwei kleine Infusionen à zehn Minuten rinnen in mich hinein, fertig. Unglaublich, wie schnell ich mich an diesen Vorgang gewöhne, obwohl ich mein Leben lang bisher keine einzige Infusion bekommen habe.

Zur Sicherheit bleibe ich noch eine Nacht im Krankenhaus, um zu sehen, wie ich das Ganze vertrage. Zum Glück macht mein Körper ganz gut mit und so verbringe ich den Tag im Krankenhaus mit Herumgehen, Zeitunglesen und Fernschauen. Und egal wo ich hinschaue: Ohne Desinfektionsmittel und Schutzmaske komme ich nicht aus. Denn wie die Ironie des Schicksals es will, fällt meine Krankheit zeitlich genau mit dem Ausbruch des Coronavirus zusammen. Nie in meinem Leben habe ich mich mit Hygienemaßnahmen beschäftigt, jetzt tut es die ganze Welt. Wie geht richtiges Händewaschen? Welches Mittel tötet Bakterien und Viren ab? Soll man draußen eine Schutzmaske tragen? Wie gefährlich ist das neue Virus für Menschen? Auf letztere Frage gibt es immer eine Antwort: Vor allem Leute mit schwachem Immunsystem sollen aufpassen.

Bis vor wenigen Wochen hätte ich nicht zu dieser Gruppe gehört, jetzt ist das anders. Es ist ein komisches Gefühl, plötzlich derjenige zu sein, für den so etwas wirklich gefährlich werden könnte und nicht immer nur über »die anderen« zu sprechen. Nach einer kurzen Nacht im Spital darf ich endlich nach Hause. Die erste Runde ist geschafft und ich darf zum ersten Mal seit zehn Tagen – seitdem der Port-a-Cath in meine Brust operiert wurde – wieder richtig und ausgiebig duschen. Ich glaube, es ist die beste Dusche meines Lebens.

MITTWOCH, 26. FEBRUAR 2020

Zwei gute Nachrichten habe ich vor all der Aufregung fast verschwiegen: Die Entzündungswerte in meinem Blut sind weiter zurückgegangen. Laut meinem sympathischen Ober-Doc kamen die ganz eindeutig vom Hodgkin, was bedeutet, dass der Chemie-Anschlag schon Wirkung zeigt. Und einer der geschwollenen Lymphknoten an meinem Hals ist bereits weg. Ich kann es eigentlich gar nicht glauben, doch sooft ich mit meinen Fingern auch taste und suche, er ist nicht mehr da. Es ist ein richtig gutes Gefühl, zu merken, dass diese körperlich anstrengende Tortur bereits nach einer Woche Wirkung zeigt.

Apropos Wirkung: Die hat die Therapie auch auf meinen Appetit. Während ich mich die letzten Wochen eher zum Essen gezwungen habe und die Frage »Sag, hast du abgenommen?« auch schon gar nicht mehr hören konnte, schmeckt es mir plötzlich so richtig. Ob Schnitzel, Palatschinken, Paprikahendl oder einfach nur Schokolade, ich könnte essen ohne Pause. So oder so ähnlich muss sich das in einer Schwangerschaft anfühlen, denke ich mir oft. Aber nachdem die Ärzte davor gewarnt haben, dass ich keinesfalls Gewicht abnehmen soll und es beim Essen beinahe keine Einschränkungen für mich gibt, lange ich ordentlich zu. Und ich merke, wie mein Körper die Energie, die ich ihm zuführe, braucht. Übel ist mir zum Glück bisher kaum, trotz oder vielleicht auch gerade wegen der Massen an Kalorien, die ich mir tagtäglich zuführe.

SAMSTAG, 29. FEBRUAR 2020

Es ist der 366. Tag des Jahres. Aber auch in einem Schaltjahr hat ein Tag nur 24 Stunden. Wobei das »nur« sehr relativ ist. Denn während in meinem »normalen Leben« die Zeit nur so verfliegt und ich gar nicht weiß, wie ich alles unterbringen und hineinpacken soll, können sich 24 Stunden zu Hause, in »Heim-Quarantäne«, wie eine Ewigkeit anfühlen. Was mache ich mit einem ganzen Tag ohne richtige Aufgabe? Für das Schreiben dieses Tagebuchs brauche ich maximal 45 Minuten. Bleiben immer noch 23 Stunden und 15 Minuten. Zieht man die Schlafenszeit von rund sieben Stunden ab, bleiben immer noch gute 16 Stunden zu füllen. Das ist viel. Weil ich die ersten Tage nach der Chemotherapie nicht allzu viele Menschen treffen sollte, um eine Ansteckung mit einem Virus – vielleicht sogar mit dem gefürchteten Coronavirus, der mich nach wie vor täglich in allen Medien begleitet – zu vermeiden, entscheide ich mich dafür, vorerst zu Hause zu bleiben und zwar in unserer Wiener Wohnung. Pitten, habe ich beschlossen, soll der Ort sein und bleiben, an dem ich direkt nach der Chemotherapie sein will, wenn ich mich besonders geschwächt fühle.

Ich probiere es zunächst mit Fernschauen. Auch wenn ich jetzt gegen mein eigenes Metier schreibe, tagesfüllend ist das leider nicht. Viel zu schnell wird mir langweilig, viel zu oft schweifen meine Gedanken ab und lassen sich nicht auf das, was sich da auf unserem riesigen Flatscreen abspielt, ein. Der nächste Versuch: Malen. Schon als Kind habe ich, neben meinen musikalischen Ausflügen zu Querflöte und Co, immer gerne gezeichnet und meine Eltern mit meinen Meisterwerken zwangsbeglückt. Vor ein paar Jahren hatte ich mir Malutensilien gekauft, die ich nun wieder zum künstlerischen Leben erwecken will. Ein, zwei Stunden mühe ich mich damit ab, einen bunten Kolibri nach einer Vorlage im Internet abzumalen. Das Ergebnis sieht nach dritter Klasse Volksschule aus, oder sagen wir, vielleicht nach vierter. Aber mir wird schnell klar, warum mein Weg mich in den Journalismus und nicht in die Kunstwelt geführt hat. Leben hätte ich davon nicht können. Immerhin knapp zwei Stunden des langen Tages hat mein Malausflug verbraucht.

Es ist Mittag, noch immer ist die Hälfte des Tages da. Sport? Wie wäre es mit Sport? Soll ich unbedingt machen, wenn es die Kraft zulässt, haben mir die Mediziner geraten. Nach einer ausgiebigen Laufrunde ist mir momentan nicht, dazu fehlt mir schlichtweg die Kraft. Aber eine Runde auf unserem neu angeschafften Hometrainer müsste doch drin sein. Vor meiner Krankheit war ich dem Sport fast verfallen. Täglich habe ich zumindest eine Stunde etwas für meine Fitness getan. Laufen, Radeln zu Hause, bis zu drei Mal die Woche habe ich Crossfit gemacht, ja, ich wundere mich auch noch über mich selbst. Doch während ich beim Radeln bis vor ein paar Wochen ein Hochintervall-Training abgespult habe, strengt mich heute allein der Gedanke daran an. Also werden es zwanzig Minuten auf der zweitniedrigsten Stufe sein, ganz gemütlich. Ein Opa-Fitness-Programm, das sich für mich in dieser Situation genau richtig anfühlt. Ich spüre, wie der Schweiß von meiner Stirn und meiner Brust perlt und es ist ein gutes Gefühl, einmal nicht von Medikamenten oder Behandlungen zu schwitzen, sondern von Bewegung.

Nach meinem Mini-Sportprogramm und einer kurzen Dusche ist noch immer relativ viel von diesem 29. Februar übrig. Was mache ich noch gerne? Telefonieren. Ich mache einen Rundruf durch meinen engen Freundes- und Familienkreis. Alle freuen sich, dass ich »so gut klinge« und sprechen mir Mut und Zuversicht zu. Vor allem, wenn wir über andere Dinge, über Alltägliches sprechen, so wie sonst, merke ich, wie gut sich diese »Normalität« anfühlt. Meine Telefonkonferenz ist beendet, der Abend ist noch immer nicht da. Zwischendurch lege ich mich einfach mal ins Bett, um etwas zu dösen, denk ich mir.

Doch ans Schlafen oder »Chillen« ist leider nicht zu denken. Viel zu aufgekratzt bin ich durch das Cortison, das ich täglich schlucken muss und auch durch die neue Situation, die ich zu Hause nach und nach erst so richtig begreife. Meine Gedanken kreisen um all die Worte, Bilder und Eindrücke, die in den letzten Tagen auf mich hereingeprasselt sind, um all die Höhen und Tiefen in dieser kurzen Zeit und um die Frage: Werde ich das überleben? Eine Frage, die ich mir in meinen bisherigen 36 Lebensjahren noch nie so konkret stellen musste, die Krankheit zwingt mich allerdings dazu. Ja, werde ich, das ist mein fester Beschluss. Auch wenn allein durch die Beschäftigung mit dem Tod in mir etwas zerbrochen ist. So fühle ich es zumindest. Die Zeiten der »Unsterblichkeit« sind vorbei und damit auch ein großes Stück Unbeschwertheit. Aber vielleicht ist das auch eine Chance, mehr Gelassenheit im Leben zuzulassen. Ich werde es herausfinden ...

MONTAG, 2. MÄRZ 2020

Meine Haare und ich sind ein ganz eigenes Kapitel – nicht nur in diesem Tagebuch. Schon als Zehnjähriger wollte ich im gemeinsamen Italien-Urlaub mit meinen Eltern meinen Kopf oft nicht unter Wasser ins Meer tauchen, weil dadurch meine, zumindest für mich, stets perfekt gestylte Frisur zerstört worden wäre. Meine Familie hat meine mit viel Haargel und Wachs zurechtmodellierte pechschwarze Haarpracht stets »die Krone« genannt, natürlich nicht ohne genügend ironischem Unterton. Diese Krone ist zwar im Laufe der Jahre und Jahrzehnte etwas weniger geworden – Denkerstirn – aber im Gegensatz zu meinen beiden Brüdern darf ich das auf meinem Kopf auch mit Mitte dreißig noch als Frisur bezeichnen, ohne Haarsträhnen über irgendwelche kahlen Flächen frisieren zu müssen.

Auch beim täglichen Schminken fürs Fernsehen haben meine Haare stets eine wichtige Rolle gespielt. Sitzen sie gut und bin ich mit der Frisur zufrieden, war die halbe Miete schon gewonnen und das Selbstbewusstsein für die nächste Sendung da. Alle Maskenbildnerinnen, die mich im Laufe der Jahre geschminkt haben, haben relativ schnell gemerkt: Bei seinen Haaren greifen wir besser nichts an. Egal ob mit Spray, Kamm oder Fingern: Jeder Versuch, in meine Frisur einzugreifen, wurde nach wenigen Sekunden abgewehrt. Einige Kolleginnen haben sich darüber wohl geärgert oder gewundert, aber meine Frisur ist eben meine Frisur, an die nur ich ran darf – oder der beste Friseur der Welt, Mario, den ich die nächsten Monate aber leider nicht brauchen werde. Denn aus der »Krone« sind heute die ersten »Zacken« gefallen.

Kahlgeschoren bin ich ja schon seit kurzem, doch als ich mir heute durch die nachgewachsenen Haare fahre, halte ich plötzlich ein Büschel in der Hand. Zwanzig oder dreißig kurze schwarze Haare, wie von einem vertrockneten Malpinsel, der nach zu vielen Einsätzen seine Borsten lässt. Der Anblick lässt mich kurz erstarren. Binnen Sekunden laufen mir Tränen über die Wangen, obwohl ich die letzten Tage eigentlich ganz gut ohne zu weinen verbracht habe. Jetzt hat der Hodgkin wirklich einen wunden Punkt getroffen. Meine Haare. Etwas verquollen vom Weinen schaue ich in den Spiegel, rupfe an meinen kurzen Stoppeln herum und sehe, wie sich nach und nach weiße Flächen bilden. Da will ich nicht zuschauen.

Im Gegensatz zu uns verfügt meine Mutter als jahrelange Aushilfsfriseurin für meinen Vater über ein professionelles Haarschneidegerät. Nach einem kurzen Anruf steht sie auch schon in meinem Badezimmer und setzt zur Schur an. Aus dem, was noch da ist, wird leider kein wärmender Wollpullover mehr werden. Nach und nach spüre ich, wie meine Haare sich nun endgültig verabschieden. Bevor ich einen Blick in den Spiegel wage, fahre ich mir mit der Handfläche über die Glatze und spüre die kurzen Stoppeln. Es fühlt sich nackt an. Und fremd. Ganz im Gegensatz zu dem, was ich dann sehe, als ich mich schließlich traue, einen Blick in unseren Badezimmerspiegel zu werfen. Ich sehe aus wie mein jüngerer Bruder Daniel. Nachdem ihm mit Mitte zwanzig die ersten Haare ausgefallen sind, trägt er bereits seit langer Zeit Glatze und sie steht ihm ausgesprochen gut. Schon mit Haaren sind wir oft miteinander verwechselt worden. Jetzt wird uns das wohl öfter passieren.

Wieder mache ich ein Foto von mir und schicke es an meine engsten Freunde und Familie. Richtig geschockt scheint niemand zu sein. »Fesch schaust aus. Gefällt mir fast besser als vorher«, so lesen sich einige Reaktionen. So weit würde ich nicht gehen, aber ich muss gestehen, in meiner Vorstellung hat es ohne Haare viel schlimmer ausgesehen. Und ganz ehrlich: Pro Tag spare ich mir nun mindestens 15 Minuten, die das Styling meiner Frisur bisher in Anspruch genommen hat. Und auch der ein oder andere Blick in den Spiegel wird in den nächsten Wochen wohl überflüssig. Zeit, mit der ich wohl nicht nur während dieser Krankheit etwas Besseres anfangen kann.

DIENSTAG, 3. MÄRZ 2020

Für eine Rasierer-Werbung werde ich in nächster Zeit wohl nicht gebucht. Seit heute beginnt auch der Bart zu bröckeln und zu bröseln. Ich brauche keine scharfe Klinge, es reichen meine Finger, um die dunklen, dicken Haare ganz ohne Widerstand auszurupfen. Das tut weh. Nicht körperlich, aber emotional. Seit über 15 Jahren trage ich jetzt schon Bart, jetzt nur noch ein paar Tage. Ihn abzurasieren bringe ich noch nicht übers Herz, noch geht er als etwas lückenhaft und ungepflegt durch.

FREITAG, 6. MÄRZ 2020

Seit ich denken kann, muss ich meinen Nachnamen erklären. Dabei gibt es einen Ablauf, der fast bei jedem Gespräch ident ist und ungefähr so geht:

»Wie spricht man deinen Nachnamen aus. Budgen?«

»Nein, nicht so, wie man es schreibt, sondern ›Badschn‹, wie das Budget auf Englisch nur mit N.«

»Was, wirklich? So wie der Batschen, der Hausschuh?«

»Ja, so ähnlich, nur ist es halt Englisch und nicht Wienerisch.«

»Wieso Englisch? Du schaust so südländisch aus.«

»Ja, ich weiß. Aber mein Vater ist Engländer und der schaut genauso aus.«

»Ah. Das ist ja cool. Das heißt, du kannst bestimmt perfekt Englisch sprechen.«

»Nein, leider nicht. So wie alle anderen Wiener, die hier geboren und aufgewachsen sind.«

»Waaaaaaaas?! Du bist nicht zweisprachig aufgewachsen?!«

»Nein, bin ich nicht. Meine Eltern haben das bei meinem älteren Bruder versucht, es hat nicht so gut funktioniert und deshalb sind mein jüngerer Bruder und ich nur mit Deutsch aufgewachsen.«

»Na geh. Das ist aber schade.«

»Jo eh, ich weiß. Dafür habe ich zwei Pässe«.

Gefühlt tausend Male habe ich dieses Gespräch in meinem Leben geführt und mich genauso oft darüber geärgert. Und zwar über mehrere Dinge. Einerseits ist es wirklich erstaunlich, wie schnell man – auch von intelligenten und belesenen Menschen – in eine Schublade gesteckt wird. Dunkle Haare, braune Haut, Bart – der muss Südländer sein. Ich bin mir auch sicher, dass mir oft nicht geglaubt wird, dass mein Vater Engländer ist. Einmal bin ich sogar gefragt worden, warum ich denn so gut Deutsch könne und auch einer Schlägerei bin ich entgangen, weil ich ja »einer von uns« bin.

Andererseits bin ich auch verärgert darüber, dass ich nicht zweisprachig aufgewachsen bin. Wenn mich mein Vater schon mit einem Namen beschenkt hat, der nach so vielen Erklärungen verlangt, wäre es ganz cool, wenn man diesen fließend in seiner Vatersprache erklären könnte. What a pity. Ich schummle mich so wie viele andere in unserem Land mit meinem Schulenglisch durch die wenigen Gespräche und Mails, die ich in meinem Job und Privatleben nicht auf Deutsch verfassen oder führen muss. Als Telefonjoker dienen mir dabei stets meine Eltern, die mir bereits unzählige Male Interviewfragen oder Mails übersetzt haben. Natürlich nicht, ohne sich dabei jedes Mal meinen Vorwurf anzuhören, warum sie denn bei mir nicht mehr den Nerv dazu hatten, mir Englisch und Deutsch beizubringen. Aber was nicht ist, kann ja noch werden, auch mit 36.

Nachdem ich nach wie vor auf der Suche bin, meine Tage mit Sinnvollem zu füllen, habe ich beschlossen, mein Englisch aufzupolieren. Mein Vater, der jahrzehntelang als Banker gutes Geld verdient hat, hat sich in seiner Pension als Englischlehrer selbstständig gemacht. »The English Solution« heißt seine kleine Firma, mit der er vorwiegend Geschäftsleute aus der Immobilien- oder Bankerbranche schult. Jetzt bin ich dran. Nachdem wir uns kurzerhand auf zwei Einheiten pro Woche geeinigt haben, legen wir auch schon los. Mein Daddy ist dabei perfekt vorbereitet. Es gibt Listen mit Aufgaben, Arbeitsblätter und Hausübungen. Gesprochen wird in den neunzig Minuten ausschließlich auf Englisch. Anfangs ist es ein recht komisches Gefühl. Natürlich habe ich meinen Vater schon öfter Englisch sprechen gehört, aber nachdem er Deutsch perfekt beherrscht, haben wir es nie miteinander geübt.

Auch vom eigenen Vater »unterrichtet« zu werden fühlt sich irgendwie eigenartig an. Doch je länger die Einheit dauert, desto mehr lasse ich mich darauf ein und blamiere mich mit meinem gefährlichen Halbwissen zu Past Perfect Tense und Co. Unglaublich, wie viele Fehler man beim Englischsprechen macht, ohne es zu merken. Jetzt merke ich es, denn mein Vater macht mich schonungslos auf jedes falsche *-ing* oder *has* aufmerksam. Fehler, die für mich auch ein Ansporn sind. Ich kann und will die Zeit, in der mich der Hodgkin zur Quarantäne zwingt, nützen, um am Ende besser Englisch zu sprechen. Zwei Mal pro Woche werde ich ab jetzt daran feilen, auch wenn das zum ersten Mal nach der Studienzeit wieder Hausübungen bedeutet …

PS: Der Bart ist mittlerweile ab.

DIENSTAG, 10. MÄRZ 2020

Mein Leben fühlt sich momentan an wie in einem Dystopie-Film. Und nicht nur meines. Während ich heute zeitig in der Früh für die zweite Runde meiner Chemotherapie im Spital einchecke – das Prozedere ist noch dasselbe wie beim ersten Mal vor drei Wochen – verkündet die Regierungsspitze live im Fernsehen weitreichende Maßnahmen wegen des neuartigen Coronavirus. Ich starre in meinem Spitalszimmer gespannt auf den Fernseher und lausche, was die Politiker in einer eilig einberufenen Pressekonferenz zu verkünden haben.

Das öffentliche Leben wird massiv eingeschränkt. Veranstaltungen mit über hundert Personen in geschlossenen Räumen werden abgesagt. Bei Outdoor-Events dürfen nicht mehr als 500 Menschen sein. Nach und nach posten alle großen und kleinen Theater der Stadt im Internet die Absagen ihrer Vorstellungen. Und auch Konzerte, Lesungen und Vernissagen werden verschoben. Und nicht nur das. Sämtliche Universitäten und Fachhochschulen machen zu und stellen auf Online-Unterricht um. Schulen und Kindergärten könnten in den nächsten Tagen und Wochen folgen, so wie das bereits in Italien der Fall ist. Der Kanzler ruft dazu auf, soziale Kontakte zu meiden und wenn möglich von zu Hause aus zu arbeiten, um ältere und kranke Personen zu schützen – also Menschen wie mich.

Obwohl mein Immunsystem momentan wieder funktionieren dürfte, waren doch die Ärzte ganz begeistert, dass die weißen Blutkörperchen in meinem Blut wieder den idealen Wert erreicht haben, ändert sich das mit dieser Chemotherapie, die gerade durch den Port-a-Cath in meinen Körper fließt, in den kommenden 24 Stunden wieder. Für Leute wie mich kann dieses Virus tödlich sein, deshalb soll eine weitere Ausbreitung um jeden Preis verhindert werden.

Als ich darüber nachdenke, poppt auf meinem Handy eine WhatsApp-Meldung auf. Mein kleiner Bruder schickt ein Foto von sich aus dem Spital. Er trägt eine Schutzmaske. »Verdachtsfall«, schreibt er dazu. Das darf jetzt nicht wahr sein, denk ich mir. In einer weiteren Nachricht schreibt er: »War wegen einer Routineuntersuchung im Spital. Weil ich so stark huste, haben sie mich gleich hierbehalten und testen mich auf Corona.« Ich habe meinen Bruder schon seit Wochen nicht mehr gesehen, so wie die meisten meiner Freunde auch, um mich vor einer möglichen Ansteckung zu schützen. Doch meine Mutter, die mich ins Spital gebracht hat und zu diesem Zeitpunkt neben mir sitzt, hat ihn erst vor zwei Tagen besucht und – wie in unserer Familie üblich – geherzt und abgebusselt. Wir schauen uns an und haben beide sofort ein mulmiges Gefühl. Hat sie sich bei ihm angesteckt? Hat sie mich vielleicht schon angesteckt? Mein ohnehin schon etwas strapaziertes Nervenkostüm fährt mit mir Achterbahn. Um auf Nummer sicher zu gehen, fährt meine Mum nach Hause und lässt mich im Spital allein. Zwei Stunden später hat mein jüngerer Bruder eine gute und eine schlechte Nachricht am Telefon für mich. Die gute: Er hat das neue Coronavirus nicht. Die schlechte: Er hat ein anderes hochansteckendes Virus und muss zwei Wochen zu Hause bleiben und darf keine

Menschen sehen. Meine Eltern, die sich jetzt im Speziellen rührend um uns kümmern, stehen nun vor einer logistischen Herausforderung. Wer darf wen wann sehen, um mich nicht anzustecken?

Es fühlt sich alles so unwirklich an. Das öffentliche Leben steht still und mein privates ebenso. Ein geplantes Familienfest in zwei Wochen hat meine Mutter bereits abgesagt. Und so wie es aussieht, werde ich wohl doch mehr Zeit als mir lieb ist in unserem Haus am Land verbringen. Davor heißt es aber noch, den Chemo-Marathon hier im Spital zu absolvieren. Die erste von mehreren Infusionen rinnt gerade in mich hinein. Bis Mitternacht wird es wohl noch dauern. Das ist bereits etwas besser als zwei Uhr früh, so wie beim letzten Mal, man gibt sich ja schon mit kleinen Verbesserungen zufrieden ... Dann gibt es noch am Mittwoch und Donnerstag jeweils eine Ladung. Dass ich Krebs habe, scheint mir in diesen Tagen bei weitem nicht das einzig Unwirkliche zu sein.

MITTWOCH, 11. MÄRZ 2020

Eine recht kurze Nacht liegt hinter mir. An das Schlafen im Krankenhaus werde ich mich in diesem Leben wohl nicht mehr gewöhnen. Vor allem nicht, wenn es als »Mitternachtssnack« noch eine Infusion gibt, die erst eine Stunde später wieder abgehängt wird. Irgendwie ist aber auch diese Nacht vergangen – zum Glück. Während das ganze Land vom Coronavirus lahmgelegt ist, sitze ich in meinem Spitalszimmer am Laptop und checke meine E-Mails. Neben unzähligen Absagen von Kulturveranstaltungen und Pressekonferenzen lese ich auch die Servicetelefon-Protokolle, die an uns ORF-Mitarbeiter jeden Tag verschickt werden. Jeder Anruf, jedes E-Mail und jedes Posting auf Facebook zu unseren Programmen wird genau erfasst und dokumentiert. Das ist eine Art Kummerkasten für meist erhitzte Gemüter vor dem Radio oder TV.

Als ich die Word-Dokumente so durchscrolle, ziehen sich meine Mundwinkel zum ersten Mal seit längerem wieder nach oben, zu einem sanften Lächeln. »Wo ist Patrick Budgen?« »Wir vermissen Patrick Budgen!« »Keiner in dieser Sendung ist so gut wie er!« So und so ähnlich lauten die kurzen und knappen Zusammenfassungen der Kolleginnen des Servicetelefons. Viele Zuschauerinnen und Zuschauer, bei denen ich seit Jahren im Wohnzimmer zu Gast sein darf, machen sich offenbar Sorgen um mich und ich gebe zu: Das rührt mich. Seit vier Wochen bin ich jetzt nicht mehr on air gewesen, meine samstägliche Talk-Rubrik »Tratschen mit Budgen« muss seitdem ohne Budgen auskommen und wird von meiner lieben Kollegin Ulli Dobes präsentiert. Die offizielle Erklärung meiner Abwesenheit fürs Publikum lautet »Bildungskarenz«. Das habe ich kurz nach der Diagnose mit meinen Chefs so besprochen. Denn mein Privatleben halte ich seit ich vor der Kamera stehe auch privat und das soll vor allem in dieser Situation so bleiben. Ich habe keine Lust auf Schlagzeilen wie »Krebsdrama um ORF-Star« oder »ORF-Moderator kämpft gegen Krebs«. Nicht dass ich das Gefühl habe, allzu prominent oder wichtig zu sein, aber für eine derart reißerische Schlagzeile in einem bunten Blatt würde es wohl reichen. Im Büro wissen einige Kollegen, warum ich fehle – vor allem jene, die mir nahestehen. Die anderen müssen sich mit der Begründung »er ist krank« zufriedengeben.

Vielleicht ändert sich das noch, aber momentan fällt mir ein offener Umgang mit meiner Krankheit schwer. Auch wenn es natürlich völlig absurd ist, fühlt es sich an wie eine Schwäche. Wie ein Schuldeingeständnis. Ein Eingeständnis, dass es so ist. Das merke ich auch in meinem täglichen Leben. Habe ich mich bisher immer gefreut, wenn mich auf der Straße jemand erkannt oder begrüßt hat, gehe ich jetzt mit geneigtem Haupt über die Straße oder zum Auto. Ich will mich nicht erklären müssen. Warum ich eine Glatze trage oder seit Wochen nicht mehr im Fernsehen aufgetreten bin. Deshalb sind Haube und Kappe meine ständigen Begleiter. Sie geben mir die wenigen Male, die ich draußen unterwegs bin, zumindest das Gefühl von Schutz, Intimität und Anonymität.

Hier im Krankenhaus verlasse ich mein Zimmer kaum. Auch viele der anderen Patienten sowie deren Besucher, die aufgrund des Coronavirus deutlich weniger geworden sind, kennen mich und wollen mit mir plaudern. Doch danach ist mir leider überhaupt nicht zumute. Ich verbringe meine »Krebskarenz« lieber allein oder mit Telefonaten und Gesprächen mit dem überaus netten Krankenhauspersonal, das ich derzeit öfter sehe als meine Freunde und Kollegen.

DONNERSTAG, 12. MÄRZ 2020

Vor über einem Monat habe ich dieses Tagebuch begonnen, am 4. Februar 2020. Kurz darauf hat sich mein Leben auf einen Schlag komplett verändert. Einen Monat später hat es die ganze Welt getan. Der Grund heißt Corona. Ein Virus, das ausgerechnet den Namen der Schutzpatronin gegen Seuchen trägt. Eine weitere Ironie des Schicksals in diesem Jahr. Während viele andere und ich in den letzten Wochen geglaubt haben, diese Krankheit wird uns nicht treffen und bleibt in China und Italien, bekommen wir heute die volle Wucht der Ausbreitung des Virus beziehungsweise der Maßnahmen dagegen zu spüren.

Schon als ich das Krankenhaus nach meiner letzten Infusion verlasse, sehe ich die erste davon: Die Türen zur onkologischen Station sind versperrt. Niemand außer Patienten und Krankenhauspersonal darf mehr hinein. Besuche sind bis auf Weiteres verboten. Nicht nur hier in diesem Spital, sondern in allen Krankenhäusern im ganzen Land. Und in allen Pflege- und Seniorenheimen. Und das ist bei weitem nicht das Einzige. In einer eilig einberufenen Pressekonferenz informiert die Staatsspitze über weitere Maßnahmen, die das öffentliche Leben auf »ein Minimum« reduzieren sollen, wie es offiziell heißt. Konkret bedeutet das: Nicht nur Universitäten, sondern auch Schulen und Kindergärten werden zu einem Großteil geschlossen. Jeder, der kann, soll von zu Hause aus arbeiten und so wenige Leute wie möglich sehen, um eine Ansteckung mit dem Coronavirus zu vermeiden. Denn vor allem für Hochrisikogruppen kann dieses neuartige Virus gefährlich sein, wird immer wieder betont. Also für Menschen über 65, Leute mit Diabetes, Bluthochdruck, oder mit Krebs. Jedes Mal, wenn der sehr besonnene Gesundheitsminister im Fernsehen dieses Wort sagt, versetzt es mir einen Schlag in die Magengegend. Aber ich muss mir langsam eingestehen: Ja, das betrifft auch mich. Und ja, ich bin auch ein Hochrisikopatient.

Um mich und mein von der Chemotherapie bald wieder angeschlagenes Immunsystem zu schützen, breche ich gemeinsam mit meinem Vater, der als über 65-Jähriger ebenfalls Risikopatient ist, in unser Wochenendhaus nach Pitten auf. Frische Luft, keine Menschen und hoffentlich kein Corona in der Luft. Den ganzen Tag sitze ich in unserem Landhaus-Wohnzimmer vor dem Laptop und Fernseher und verfolge die Nachrichten über die Ausbreitung des Virus. Der Nachrichten-Junkie in mir macht auch im Krankenstand keine Pause. Fast im Minutentakt poppen neue Restriktionen, Maßnahmen und Horrormeldungen auf, die bis vor wenigen Monaten noch undenkbar gewesen wären.

Da taucht ein Gefühl in mir auf, das mir in den letzten Wochen sehr vertraut geworden ist. Alles wirkt unwirklich. Wie im Film. Passiert das gerade alles wirklich? Was ist da los? Wie lange steht die Welt noch? Fragen, die ich mir vor exakt einem Monat schon gestellt habe und ich tue es wieder. Doch diesmal betreffen sie nicht nur mich und meine Gesundheit, sondern das ganze Land. Den ganzen Kontinent. Die ganze Welt. Und es bin nicht mehr nur ich, um den mich sorge, sondern viele meiner Liebsten. Meine Mutter, die fast siebzig ist und eine angeschlagene Lunge hat. Meine Tante, die vor kurzem ihren Achtziger gefeiert hat. Eine Freundin mit Diabetes, die im Krankenhaus arbeitet. Eine andere Freundin mit Asthma. Sie alle zählen plötzlich zu Hochrisikopatienten und müssen in nächster Zeit extrem auf sich aufpassen. Im Gegensatz zu mir müssen sie weiterhin arbeiten gehen, haben Kinder und andere Verpflichtungen. Ich kann mich »dank« meiner Krankheit in der Isolation verkriechen, an die ich mich in den letzten Wochen ja leider schon gewöhnt habe. Denn meine sozialen Kontakte kann ich seit meiner Diagnose an einer Hand abzählen. Die Maßnahmen der Regierung treffen mich daher weit weniger als meine Familie und die meisten meiner Freunde.

FREITAG, 13. MÄRZ 2020

Es ist Freitag, der 13. Eigentlich bin ich ja nicht abergläubisch. Eigentlich. Doch dieses Mal verheißt der Tag tatsächlich nichts Gutes. Für 14 Uhr hat die Regierungsspitze neue, weitreichende Maßnahmen für das öffentliche Leben im Kampf gegen das Coronavirus angekündigt. Ich weiß nicht, ob es an meiner Aufregung liegt oder nicht, aber die Nebenwirkungen meiner Behandlung sind diesmal wesentlich geringer als in Runde eins. Ich bin nicht so müde und angeschlagen, sondern nervös und gespannt, was da als nächstes auf uns zukommt.

So wie 1,7 Millionen andere Österreicherinnen und Österreicher – das erfahre ich am nächsten Tag aus dem Teletext – schalte ich den Fernseher ein und kann meinen Ohren nicht trauen. Das öffentliche Leben wird noch viel weitreichender eingeschränkt als es bisher der Fall war. Alle Geschäfte bis auf Apotheken, Supermärkte und Drogerien müssen zusperren. Lokale und Restaurants dürfen nur noch bis 15 Uhr geöffnet bleiben. Alle Firmen und Unternehmen sind dazu aufgerufen, ihre Mitarbeiterinnen und Mitarbeiter von daheim aus arbeiten zu lassen. Dazu werden erstmals in Österreich ganze Ortschaften unter Quarantäne gestellt. Das Paznauntal in Tirol kommt quasi unter einen Glassturz. Alle Touristen müssen abreisen, alle anderen in 14-tägige Quarantäne. Und damit nicht genug: Alle über 65-jährigen Menschen werden dazu aufgerufen, ihre Häuser nicht mehr zu verlassen. Wenn möglich, soll auch jemand anderer für sie einkaufen gehen. Es braucht etwas Überzeugungskraft, meine eigensinnige Mutter von dieser Maßnahme zu überzeugen. Doch nach mehreren Telefonaten haben wir sie soweit.

Alexander, der gerade von einem mehrtägigen Seminar in Deutschland zurückgekehrt ist, geht für sie einkaufen. Ich darf ihn jetzt zwei Wochen lang nicht sehen – Corona-Gefahr. Und er ist nicht allein. Es scheint, das ganze Land ist kollektiv in den Supermarkt gegangen, um zu »hamstern«. »Stehe seit drei Stunden an der Kassa. Vieles ist leider schon ausverkauft«, schreibt Alex per WhatsApp in unsere Familiengruppe. Auf Twitter dasselbe Bild: Viele User posten Fotos von leeren Regalen, langen Schlangen an der Kassa und vollgefüllten Einkaufswägen. Vor allem Klopapier scheint sehr begehrt zu sein. Warum, das weiß keiner. Ein ganzes Land scheißt sich an. Offenbar zu Recht. Aber ob Toilettenpapier dabei hilft, wage ich zu bezweifeln. Auch mein Vater wagt hier draußen am Land einen Ausflug in den sonst sehr beschaulichen Supermarkt im Nachbarort. Doch auch dort herrschen weltuntergangsähnliche Zustände. »So voll war der Parkplatz noch nie. Der ganze Supermarkt war voll«, schildert er mir, als er nach zwei Stunden wieder zurück ist. Im Fernseher beruhigen die großen Handelsketten in der Zwischenzeit und rufen die Leute dazu auf, Ruhe zu bewahren. Es gäbe genug für alle, die Lager seien voll. Es dürfte dauern, bis diese Botschaft bei allen ankommt. Und auch, bis alle akzeptieren, dass sie in den kommenden Wochen und Monaten vielleicht auf Sojamilch und fleischlose Würstel verzichten müssen.

Meine Krankheit rückt in diesen Stunden für mich selbst völlig in den Hintergrund. Klar denke ich oft daran – spätestens, wenn ich meine Medikamentendose öffne, die größer ist als die von meiner geliebten Oma jemals war – aber sie hat im Verhältnis ein wenig an Bedrohung und Bedeutung verloren. Beim Hodgkin weiß ich, wogegen ich kämpfe und wie. Bei der Corona-Pandemie weiß es keiner so genau. Auch wenn die strikten Maßnahmen alle sehr sinnvoll wirken – ob sie wirken, kann uns keiner versprechen. Die nächsten Tage und Wochen werden es zeigen. Und der Coronavirus wird unser aller Leben wohl noch länger bestimmen als mich meine Krankheit.

SONNTAG, 15. MÄRZ 2020

Wenn die oft zitierte großmütterliche Warnung stimmen würde, hätte ich heute Abend nicht viereckige, sondern mindestens 14-eckige Augen. Denn so viele Stunden habe ich tatsächlich noch nie vor dem Fernseher verbracht. Ganze zwölf Stunden, von elf Uhr Vormittag bis 23 Uhr Abends, bin ich auf unserer im karierten Landhausstil gepolsterten Couch in Pitten gesessen und habe fassungslos verfolgt, was sich da gerade in unserem Land abspielt – und es hat sich wohl nicht nur für mich so angefühlt wie in einem Katastrophenfilm. Ganz Tirol wurde abgeriegelt, weil sich dort besonders viele Menschen mit dem neuen Virus infiziert haben. Dazu verkünden die Spitzenpolitiker noch weitere Maßnahmen, die unser tägliches Leben massiv einschränken. So gibt es ab heute etwa eine De-facto-Ausgangssperre für alle. Nur noch, wer wirklich dringend raus muss, so wie etwa ich zu meiner Chemotherapie, darf seine eigenen vier Wände verlassen. Alle anderen sollen, nein, sie müssen zu Hause bleiben. Denn sollten wir die Ausbreitung dieser neuen Krankheit nicht einbremsen, bringt sie viel Leid und Tote über unser Land, appelliert der Bundeskanzler live im Fernsehen.

Leid und Tod – zwei Begriffe, mit denen ich mich in den letzten Wochen unfreiwillig schon intensiv auseinandergesetzt habe, doch diesmal wirken sie viel bedrohlicher und realer als in Bezug auf meine Diagnose. Wenn man an diesem Tag in unser geliebtes Nachbarland, das sonst so schöne bella Italia schaut, weiß man, warum. Fast täglich lese ich auf Twitter oder in den Online-Ausgaben der Zeitungen Berichte von Ärztinnen und Ärzten aus den besonders betroffenen Regionen dort, wie etwa der Lombardei. Und die sind nichts für schwache Nerven. Unter Tränen und schweißgebadet schildern die völlig überarbeiteten Mediziner die Zustände in den Spitälern, wo bereits hunderte Menschen an dem neuen Virus gestorben sind. Angehörige können sich nicht von ihren sterbenden Liebsten verabschieden, weil ein Besuch wegen der hohen Ansteckungsgefahr verboten ist. Ärzte müssen entscheiden, bei welchen Patienten es noch Sinn macht, sie an eines der wenigen Beatmungsgeräte zu hängen und wen man »aufgeben« muss. Triage-System heißt dieses unbarmherzige Abwägen zwischen Leben und Tod, das wohl zu den schlimmsten Dingen gehört, die Ärzte in ihrer Laufbahn durchmachen müssen. Um Zustände wie in der Lombardei bei uns um jeden Preis zu verhindern, wird das Leben in Österreich nun eben auf ein Mindestmaß heruntergefahren.

Wenn ich ehrlich bin, für mich persönlich ändert sich dadurch eigentlich nicht allzu viel. Ich lebe bereits seit mehreren Wochen quasi in Quarantäne. Supermärkte oder Straßenbahnen habe ich seit meiner Diagnose nicht mehr von innen gesehen. Die wenigen Freunde und meine Eltern nur mit genügend Abstand und ohne Begrüßungsbussi. Doch dass diese Regeln, die bis vor kurzem nur für immunschwache Patienten wie mich gegolten haben, plötzlich für ganz Europa gelten, fühlt sich doch ziemlich surreal und beängstigend an.

Neben der gesundheitlichen Komponente kommt für viele natürlich auch die finanzielle dazu. Nachdem so gut wie alle

Geschäfte, Bars und auch Büros geschlossen haben, zittern tausende Menschen um ihren Job. Der Finanzminister hat bereits ein vier Milliarden Euro schweres Paket zur »Rettung« der Wirtschaft angekündigt. Dass dieser hohe Betrag nicht reichen wird, ist bereits heute allen klar. Immer öfter lese ich von Menschen, die bereits gekündigt oder zur Kurzarbeit angemeldet wurden. Mein Stammitaliener hat sich etwa bereits von der Köchin getrennt, die kurz vor der Pensionierung steht. Jeder hat plötzlich große Probleme: Was tue ich mit meinen Kindern, die nicht in die Schule oder den Kindergarten dürfen? Wie komme ich ohne Job über die Runden? Wer zahlt meine Miete? Wie verbringe ich den Tag, wenn ich nicht hinaus darf?

Ich weiß nicht, ob ich mich erleichtert fühlen sollte, oder nicht. Aber meine Krankheit ist irgendwie zur Nebensache geworden. Auch wenn sich alle weiterhin, derzeit natürlich hauptsächlich telefonisch, rührend um mich sorgen und kümmern, jeder kämpft jetzt gerade seinen eigenen Kampf. Mit seinen eigenen Ängsten und Sorgen. Und ich teile sie und spreche auch meinen Freundinnen und Freunden und meinen Eltern Mut zu. Das tut gut. So kann ich zumindest etwas von der Wärme, die mir in den letzten Wochen zuteil geworden ist, zurückgeben.

DIENSTAG, 17. MÄRZ 2020

Wie schnell einen die Realität manchmal einholt. Erst gestern habe ich im Fernsehen gesehen, dass man vor allen Wiener Krankenhäusern Zugangsbeschränkungen aufgebaut hat, jetzt stehe ich live und in Farbe davor, für meine nächste Behandlung. Bereits zu Hause habe ich mir meine ziemlich stylische (und mittlerweile ausverkaufte) Schutzmaske aufgesetzt, um mich bei den Kontrollen im Spital mit nichts anzustecken. Die Situation wirkt wirklich surreal. Binnen weniger Stunden hat man im Eingangsbereich blaue Baustellencontainer und Leitsysteme aus Holzplanken aufgebaut, überall hängen Schilder, dass man mindestens einen Meter Abstand voneinander halten soll. Durch den einen Container muss medizinisches Personal, durch den anderen alle Patienten wie ich.

Vor mir geht ein Mann in meinem Alter hinein und wird von zwei Ärztinnen, die wie Astronautinnen aussehen, begrüßt. Sie tragen weiße Schutzanzüge, Handschuhe und eine Schutzmaske aus Plexiglas. Die junge Frau, vermutlich seine Freundin, die den bärtigen Mann mit Brille begleitet, muss draußen bleiben, denn seit heute ist ausnahmslos jeder Besuch im Spital verboten und zwar im ganzen Land. Als sich die beiden voneinander verabschieden müssen, sehe ich, wie die junge Frau schluchzt und ihr Tränen über ihre Wangen laufen. Eine Situation, die sich gerade wohl hundertfach abspielt. Angehörige, die ihre Liebsten nicht ins Spital oder sogar auf den letzten Weg begleiten dürfen. Ein Albtraum.

Kurz nachdem mein Vorgänger den blauen Container durch die Hintertür verlassen hat, bin ich dran. Ich zücke meinen Arztbrief, in dem steht, dass ich für heute zur Chemotherapie bestellt bin und zeige ihn einer der Astronautinnen, die mich sehr freundlich durch ihre Brille samt Plexiglas-Schutz anschaut. »Haben Sie Fieber oder waren Sie im Ausland?«, fragt sie mich. Zwei Fragen, die in Corona-Zeiten die wohl am häufigsten gestellten sind. »Beides nein. Meine Reisen beschränken sich seit einigen Wochen leider nur auf das Kaiser-Franz-Josef-Spital«, scherze ich, was der Frau in Weiß ein kurzes Lächeln ins Gesicht zaubert. Trotzdem wird Fieber gemessen. So wie ich es auch von der Onkologie kenne, hält mir die Ärztin das Thermometer ins Ohr, zwei Sekunden später piept es und das Ergebnis ist da: 35,8 Grad. Ich darf passieren. Über das völlig leergefegte Spitalsgelände gehe ich in Richtung »meiner Station«.

Es wirkt gespenstisch. Die sonst so belebte Cafeteria im Erdgeschoss ist menschenleer und auch auf der Station D ist wesentlich weniger los als normalerweise. Ich setze mich in den sogenannten Tagraum, an einen mit Plastiktulpen geschmückten Tisch, um auf mein Zimmer zu warten. Einen Tisch weiter sitzt eine ältere, gepflegte Dame mit auffällig rosa lackierten Fingernägeln. Sie ist die erste Patientin hier, mit der ich ins Gespräch komme. An Tagen wie diesen traut sich niemand, wirklich niemand, nah beieinander zu sitzen. »Ich habe bereits die 136. Immuntherapie heute und bin ziemlich müde«, erzählt sie mir mit leichtem Akzent. Sie berichtet trocken von ihrer Brustkrebsdiagnose vor fünf Jahren, mehreren Operationen und ihrer Lunge, die alle zwei Tage von

Wasser befreit werden muss. Plötzlich werden meine Sorgen und auch Corona ganz klein. Unfassbar, was Menschen durchmachen müssen und können.

Fünfzehn Minuten später ist auch schon mein Zimmer fertig. Nachdem ich wie ein auszublasendes Ei wieder an meinem Port angestochen wurde und alle weiteren üblichen Untersuchungen absolviert sind, setze ich mich vor meinen Laptop und verfolge gespannt und wie die meisten mit offenem Mund – der Mundschutz ist mittlerweile abgelegt, ich bin ja allein – was sich da in Österreich und auf der Welt tut. Die EU hat mittlerweile ihre Außengrenzen geschlossen, tausende Menschen müssen sich arbeitslos melden, weil so gut wie alle Betriebe stillstehen, große Events wie die Fußball-Europameisterschaft oder der Songcontest werden abgesagt, Börsen schließen, Ämter haben nicht mehr offen und hinauszugehen ist jetzt wirklich nur noch unter strengsten Auflagen erlaubt. Es ist wie ein Katastophenfilm im Echtzeitmodus. Eine Art Endzeit-Live-Ticker, den ich da auf dem Bildschirm vor mir mitverfolge. Die ganze Welt ist im Ausnahmezustand und keiner weiß genau, wie lange das noch dauern wird. Die Corona-Infektionszahlen steigen auch bei uns im Land täglich stark an, einige Menschen sind sogar schon am Virus gestorben. Deshalb wird derzeit in allen Zeitungen, Radios und im Fernsehen überall beschworen: »Schauf auf dich, schau auf mich.« Denn nur mit Abstand zueinander kann diese steil ansteigende Kurve zumindest abgeflacht werden, damit das Gesundheitssystem, von dem Menschen wie ich derzeit so abhängig sind, nicht kollabiert. Es gibt dazu bereits einen eigenen Hashtag in sozialen Netzwerken, *#flattenthecurve*.

Plötzlich öffnet sich die Tür zu meinem Zimmer und ich werde aus meinen Gedanken gerissen. Einer der Oberärzte kommt mit nur einer Assistenzärztin zur Visite, coronabedingt hat man auch hier die Anzahl der Menschen offenbar reduziert, um mit mir die Lage zu besprechen. Mein Blut dürfte sich gut von der Chemotherapie erholt haben, die weißen Blutkörperchen sind nicht so stark gesunken wie beim letzten Mal, was besonders wichtig für mein Immunsystem ist. Endlich. Zumindest eine gute Nachricht an diesem Tag. »Übrigens, alles Gute zum Namenstag«, sagt der sonst so zurückhaltende Mediziner und setzt nach: »Eine grüne Chemo haben wir aber leider auch heute nicht.« Immerhin ein bisschen Spaß in dieser schweren Zeit. Und da fällt mir gleich ein, dass ich meine Tante Mucki anrufen muss, die eigentlich Patricia heißt. Ein altes Ritual, das wir seit Jahren pflegen und das auch an diesem seltsamen St. Patrick's Day nicht ausfallen soll …

DONNERSTAG, 19. MÄRZ 2020

Wie heißt's immer so schön? Die Welt dreht sich weiter. Momentan habe ich das Gefühl, dass das zum ersten Mal in meinem Leben nicht zutrifft. Die Welt scheint stillzustehen und zwar im wahrsten Sinne des Wortes. Die Straßen sind leer, man sieht kaum Autos, fast alle Geschäfte haben zu, jeder der kann ist zu Hause. Ich auch. Allerdings nicht in meinem eigenen. Nicht nur optisch fühle ich mich gerade wieder wie ein Teenager, ohne Haare und Bart schaue ich tatsächlich fast wie 16 aus, ich wohne auch dort, wo ich in diesem Alter tatsächlich gelebt habe, bei meinen Eltern. Der Coronavirus, gepaart mit meinem schwachen Immunsystem, zwingt mich zu dieser unfreiwilligen Auffrischung meiner Kindheitserinnerungen. Da mein Lebensgefährte Alexander weiterhin arbeiten und für uns einkaufen gehen muss – auch das ist älteren Personen wie meinen Eltern und anderen vulnerablen Gruppen verboten – ist er ein potentieller Überträger des Coronavirus und somit müssen wir die kommenden Wochen wohl oder übel eine Fernbeziehung führen.

Und so lebe ich momentan im alten Schlafzimmer meines kleinen Bruders, das mittlerweile zum »Wellness-Tempel« geworden ist, samt riesiger Infrarotkabine. Mein eigenes Schlafzimmer haben meine Eltern kurz nach meinem Auszug mit 21 zu ihrem eigenen gemacht, da ich den Luxus hatte, jahrelang mit einem Fenster in den ruhigen Innenhof zu schlafen. Und auch wenn wir drei versuchen, es uns so gemütlich und angenehm wie möglich zu machen, es ist alles ein bisschen viel an Entspannung. Lang schlafen, frühstücken, fernsehen, Sport machen, natürlich drinnen, ein bisschen spielen, an diesem Buch schreiben, mit Freunden telefonieren und chatten und darüber nachdenken, wie lange das alles wohl noch dauern wird.

Mittlerweile bin ich fast der festen Überzeugung, dass meine Therapie und die damit verbundene erhoffte Heilung vom Hodgkin schneller vorbei sein werden als dieser Ausnahmezustand, der bereits nach wenigen Tagen den meisten Menschen, und nicht nur in meinem Umfeld, ziemlich zu schaffen macht. Denn täglich werden die Maßnahmen der Regierung rigoroser. Täglich werden Dinge, die bis vor wenigen Tagen selbstverständlich waren, plötzlich verboten. So patrouillieren mittlerweile Polizeistreifen durch Parks und über öffentliche Plätze der Stadt, um Menschen über Lautsprecherdurchsagen aufzufordern, nach Hause zu gehen und nicht in der Sonne zu verweilen, was an einem wirklich traumhaften, frühlingshaften Tag wie heute doppelt schmerzt. Aber die Devise dieser Tage lautet: Abstand halten. Einen Meter. Nur so kann, versichern die Experten, eine Ansteckung mit dieser neuartigen Krankheit verhindert werden. Abstand und Distanz halten von allem, was irgendwie ansteckend sein kann, das gilt für mich ja leider schon seit mehreren Wochen. Ich weiß nicht, wann ich zuletzt jemandem die Hand geschüttelt, geschweige denn ein Begrüßungsbussi gegeben habe. Doch diese Form der sozialen Isolation gilt nun für alle. Wie soll ich das alles schaffen? Meine Wohnung wochenlang nicht sehen? Keine Beziehung? Keine Freunde? Dazu immer mit der

Angst und Sorge leben, ob ich wirklich wieder gesund werde. Puh.

Das Jahr 2020 hat offenbar ziemlich viele Prüfungen für mich parat. Dagegen waren Matura, Führerschein- und Diplomprüfung ein Klacks. Aber die soziale Not macht erfinderisch. Alexander hat die grandiose Idee, dass wir uns im Freundeskreis quasi virtuell treffen können. Mit einem speziellen Meeting-Programm seiner Firma kann man ganz leicht per Laptop daran teilnehmen und sich so zumindest am Bildschirm treffen. Gesagt, getan. Nachdem ich nun leider auch mit meinem nicht vorhandenen technischen Wissen allein bin, dauert es ein wenig, bis alles so funktioniert, wie es soll. Doch nach zehn Minuten poppen auf mehreren, kleinen Fenstern plötzlich Alexander, Verena und Marion, zwei sehr gute Freundinnen, vor mir auf und auf einmal ist das Gefühl der Einsamkeit wie weggeblasen. Es tut gut, ihre Gesichter zu sehen und ihr Lachen zu hören, einfach nur das Gefühl der Gemeinsamkeit in dieser unwirklichen Situation zu spüren. Über eine Stunde lang blödeln wir herum, schauen uns alte Urlaubsfotos an, auch das geht virtuell, und planen Reisen für die Zeit nach Corona und Krebs.

FREITAG, 20. MÄRZ 2020

Es erinnert fast ein wenig an Public-Viewing, nur halt im Krisenmodus: Zumindest einmal täglich informiert der stets ruhig und trotz der angespannten Lage besonnen wirkende Gesundheitsminister live im Fernsehen über die neuen Zahlen der Corona-Infizierten. Und das ganze Land schaut zu. Auch meine Eltern und ich in unserer neu gegründeten WG sitzen gebannt vor dem Bildschirm und warten auf seine Worte. Wie viele Neuerkrankungen sind heute dazu gekommen? Ist die Kurve der Infizierten endlich etwas abgeflacht?

Nicht einmal eine Woche dauern die massiven Maßnahmen in unserem Land jetzt und trotzdem zeigt sich offenbar bereits ein kleiner Lichtstreif am Horizont, wie es der Minister formuliert. Zwar leiden bei uns bereits knapp 2.400 Menschen an dieser Lungenkrankheit, aber die Rate der Neuinfektionen ist nicht mehr ganz so stark gestiegen wie in den letzten Tagen und liegt nun bei etwa zwanzig Prozent. Noch immer viel zu viel, wird betont. Man müsse es schaffen, auf einen einstelligen Wert beziehungsweise auf Null zu kommen. Nur so haben wir eine Chance, dass unser Gesundheitssystem nicht kollabiert. Das waren die halbwegs guten Nachrichten. Die schlechteren hat der Bundeskanzler für Herrn und Frau Österreicher vor den Bildschirmen parat. Damit wir das erreichen, müssen die harten Beschränkungen unseres Alltagslebens verlängert werden – und zwar bis Ostern. Das sind noch drei Wochen. Wow. Eine lange Zeit ohne offene

Geschäfte, Schulen, Unis und vor allem mit so strikten Ausgangsbeschränkungen. In meiner Krebszeitrechnung bedeutet das: Die Halbzeit meiner Therapie wird da bereits vorbei sein.

Wer hätte das gedacht? Ich bin isoliert und ein ganzes Land isoliert sich mit mir. Dass ich gut beraten bin, die Anordnungen der Politik – dieselben Anordnungen hatten mir meine Ärzte bereits vor der Corona-Pandemie erteilt – zu befolgen, erfahre ich heute auch schwarz auf weiß. Auf Twitter teilt jemand einen Link irgendeiner wissenschaftlichen Gesellschaft in Deutschland mit Empfehlungen für chronisch oder Schwerkranke. Unter dem Kapitel »Krebserkrankungen« werden sofort Lymphom-Patienten, also Leute wie ich, als besonders gefährdet eingestuft, da die weißen Blutkörperchen bei Hodgkin und Co besonders im Keller sind. Wie gut, dass ich mich bereits seit Wochen quasi in Einzelhaft befinde. Ein schöner Gedanke ist das Ganze trotzdem nicht, vor allem, weil täglich neue Meldungen auftauchen, dass das Coronavirus auch für gesunde, jüngere Menschen nicht ungefährlich sein kann. Also heißt es für mich weiter in Quarantäne bleiben und hoffen, dass ich »gesund« bleibe.

Mittlerweile ist das allerdings bei weitem nicht mehr meine einzige Sorge. Überall im ganzen Land werden Untersuchungen, Operationen und Behandlungen abgesagt, um die Kapazitäten in den Spitälern freizuhalten und eine mögliche Ansteckung zu vermeiden. Schwangere können ihre Ungeborenen teilweise nicht mehr per Ultraschall untersuchen lassen, Bestrahlungstermine werden verschoben und sogar nicht lebensnotwendige Krebsoperationen sind abgeblasen.

Was bedeutet das für mich? Kann ich meine Therapie, die immerhin noch zwölf Wochen dauert, fortsetzen? Kann ich zu den wichtigen PET/CT-Untersuchungen? Da werde ich samt radioaktiv markierter Substanz im Blut in eine riesige Röhre geschoben, um zu sehen, wie viel vom Hodgkin noch da ist. Reichen die Chemotherapie-Präparate so lange aus, wenn die gesamte Welt stillsteht und nichts mehr produziert wird?

Ich hätte nicht gedacht, dass die Sorge, wieder gesund zu werden, solche Dimensionen annehmen könnte. Mein Ober-Doc, der nach wie vor immer telefonisch für mich erreichbar ist, beruhigt mich: »Wir haben die am besten gefüllte Spitalsapotheke des Landes. Die Medikamente reichen auf jeden Fall ein halbes Jahr.« Na immerhin. Und bis dahin ist diese Corona-Krise ja auch hoffentlich wieder vorbei.

Meine Katzen, die ich momentan auch nicht sehe, merken von der Krise natürlich nichts. Ganz im Gegenteil. Bei einer von ihnen erwachen pünktlich zum heutigen Frühlingsbeginn die Frühlingsgefühle – und die sind nicht zu überhören. Mit etwas über einem halben Jahr ist das gefräßige, graue Britisch-Kurzhaar-Wollknäuel namens Elly rollig und wälzt sich laut schreiend durch die Wohnung. Alexander schickt mir ein Video davon und wirkt bereits etwas entnervt, ob der schlaflosen Nächte, die ihm bis zur Kastration bevorstehen. Die elterliche Quarantäne hat also doch auch etwas Gutes. Jedenfalls gute und ruhige Nächte.

SONNTAG, 22. MÄRZ 2020

Heute bin ich besonders angefressen auf diesen Hodgkin! Denn er bringt mich auch um die für uns Journalisten möglicherweise spannendste und herausforderndste Zeit unseres bisherigen, wenn nicht sogar unseres gesamten Arbeitslebens. Man könnte meinen, das ist in meiner Situation zweitrangig. Ist es wahrscheinlich auch. Aber körperlich und psychisch geht es mir gerade so gut, dass ich mich trotzdem darüber ärgere. Fast täglich halten mich meine Kolleginnen und Kollegen, die über meine Krankheit Bescheid wissen – manche denken übrigens, ich bin HIV-positiv, habe ich heute erfahren, ich wüsste zwar nicht, warum ich deshalb drei Monate zu Hause bleiben soll, aber Hauptsache, es wird geredet – auf dem Laufenden und berichten mir über die absolute Ausnahmesituation im Büro. Mittlerweile gleicht unsere Redaktion einem Hochsicherheitstrakt. Die gesamte Mann- und Frauschaft ist in mehrere Teams aufgeteilt, alle müssen separat voneinander arbeiten, viele von ihnen zu Hause.

Doch damit nicht genug. Damit sich das Virus auf keinen Fall im Studio, am Regieplatz oder auf den Schnittplätzen ausbreitet und somit die Informationsweitergabe via Fernsehen, Radio und Internet – alle erreichen momentan Traum-Quoten und -Zugriffszahlen, es gibt ja wenig Ersatzprogramm derzeit – gesichert ist, wird jetzt noch einen Gang höher geschaltet. Ganze Teams ziehen ins Büro ein. So richtig. Mit Betten, Verpflegung und WC. Mit dabei sind Moderatoren, Cutter, Chefs vom Dienst, Regisseure, Bildmeister und Co. Eine Art Promi-Big-Brother in Krisenzeiten. Und die ganze Stadt schaut zu. Derzeit werden noch Freiwillige gesucht, die da mitmachen wollen. Denn diese Art der Isolation dauert vierzehn Tage lang, danach zieht die nächste Mannschaft nach gründlichen medizinischen Checks in den hoffentlich virenfreien, abgesperrten Bereich.

Wie gern hätte ich da mitgemacht! Ich stelle mir gerade nichts aufregender vor, als zwei Wochen lang das zu tun, was meine echte Leidenschaft ist: Menschen die Nachrichten nach Hause zu bringen, gerade in solchen Zeiten. Ob hinter oder vor der Kamera wäre mir ganz egal. Aber stattdessen bin ich selbst isoliert. Allerdings nicht im Büro, sondern im alten Kinderzimmer meines Bruders. Zuschauerzahl: null. Stattdessen informiere ich mich täglich bei meinen Kollegen im Fernsehen, die bald in ihrer Corona-WG leben und sehe, dass die Polizei jetzt offenbar zur fahrenden Jukebox wird. Täglich um 18 Uhr beschallen die Streifenwägen die Straßen der Stadt mit dem Fendrich-Klassiker »I am from Austria«. Eigentlich eine ganz nette Idee. Eine kleine Ablenkung und Abwechslung für die vielen Menschen zu Hause. Nur: Wer ist denn schon *from Austria*? Und vor allem, sind es all jene, die gerade unser System am Laufen halten? Die Supermarktkassiererinnen, LKW-Fahrer, Putzfrauen und Krankenschwestern? Viele von ihnen sind nicht *from Austria* und genau ihnen gebührt aber unser Dank. Gut gemeint ist eben nicht immer ausreichend. Auch in der Krise.

Ganz im Gegensatz zu einer WhatsApp-Nachricht, die mich heute von meiner obersten Chefin erreicht hat: »Lieber

Patrick. Wie geht es Ihnen? Ganz sicher werden Sie sich zu Hause einigeln und nicht einmal die Nase ins Freie halten. Passen Sie auf auf sich, alles wird wieder gut. LG BW«. Ich weiß nicht warum, aber die Nachricht rührt mich. Vor allem, weil sie als Chefin unserer ganzen Abteilung derzeit andere Sorgen hat und sich dennoch um meinen Gesundheitszustand sorgt. Besonders der letzte Satz macht mir Mut. Auch wenn natürlich weder sie noch ich noch sonst jemand weiß, ob und wann wieder alles gut wird, ich glaube es ihr erst einmal.

Mein 71-jähriger Vater ist leider nicht mit so viel Optimismus ausgestattet. Während meine Mutter stets versucht, die wenigen guten Nachrichten in den Zeitungen zu finden und uns Mut zu machen, versinkt er leider immer mehr in Endzeitgedanken und Selbstmitleid. Wo soll das noch hinführen? Werden wir unsere Pensionen noch bekommen? Die ganze Weltwirtschaft wird zusammenbrechen! Gedanken, die er sich täglich macht, die ihn schlecht schlafen lassen und auch meine Mutter zusehends belasten. Heute hat er ihr sogar abgeraten, Dinge zu kaufen, die nicht lebensnotwendig sind, weil er denkt, dass wir das Geld noch brauchen werden. Meine Mutter hat sich trotzdem heimlich eine Jeans und eine Küchenmaschine bestellt – recht hat sie. »Wenn es so schlimm wird, dann können wir eh aus dem Fenster hüpfen«, sagt meine pragmatische Mama. Und wieder hat sie recht, finde ich. Wobei es wirklich schade wäre. Um sehr vieles. Vor allem auch um meine lieben Freunde, die ich heute wieder per Videokonferenz getroffen habe. Diesmal haben wir sogar einen Geburtstag virtuell gefeiert. Mit

Kuchen und Kerzen. Wobei sich der Jubilar Andreas beim Ausblasen ein bisschen schwergetan hat. Denn Stefan und Andi, die die Torte gebacken und in die Kamera gehalten haben, leben in einem ganz anderen Stadtteil. Happy Birthday in Zeiten von Corona.

MONTAG, 23. MÄRZ 2020

Dass ein kleiner Spaziergang an der frischen Luft einmal zum Highlight eines Tages wird, hätte ich mir auch nicht gedacht. Nicht nur zum Highlight. Sogar zu einem Nervenkitzel. Mehrmals täglich wird einem via Internet, Radio und Fernsehen eingebläut, dass man nur in ganz wenigen Ausnahmefällen vor die Tür gehen soll: um arbeiten zu gehen, für den Lebensmitteleinkauf, oder um anderen zu helfen. Ein Spaziergang wird zwar nicht dezidiert erwähnt, ist aber heute noch erlaubt, in anderen Ländern wie etwa Italien ist auch das schon stark reglementiert. Trotz dem strahlend schönen Wetter habe ich jetzt mehrere Tage gebraucht, um mich durchzuringen. Nicht, weil mir die Kraft dazu fehlt, sondern ehrlich gesagt fehlt mir der Mut. Wie viele Menschen sind draußen wirklich noch unterwegs? Kann ich mich beim Vorbeigehen anstecken? Was, wenn mich jemand anhustet? Auch wenn die Chancen sehr gering sind, eine Infektion kann ich jetzt wirklich nicht gebrauchen.

Ein Blick in den Spiegel, der in den letzten Wochen zur Seltenheit geworden ist, macht mir die Entscheidung leichter. Meine Hautfarbe wirkt blass, fast beige. Nichts ist mehr übrig von der Sonnenbräune, die ich noch vor wenigen Wochen in Thailand getankt habe. Auf einmal spüre ich den akuten Sauerstoffmangel. Ich muss raus. An die frische Luft. Und zwar nicht nur auf den elterlichen Balkon, sondern richtig. Kurzerhand schmeiße ich mich in meinen dunkelgrünen

Parka, werfe einen geborgten Kaschmirschal meiner Mutter um, setze meine Haube auf und mach mich auf den Weg nach draußen. Kurz überlege ich, auch eine Schutzmaske aufzusetzen, das scheint mir aber dann doch etwas zu übertrieben.

Schon bei den ersten Schritten vor der Haustüre merke ich: Irgendetwas ist anders. Die sonst so stark befahrene Straße ist frei von Autos und auch den Platz vor der Volksschule vis-à-vis habe ich selten so leer erlebt. Meine Mitbürger dürften sich – so wie ich – an die Ausgangsbeschränkungen halten. Immerhin. Es ist ein sehr kalter, aber wirklich sonniger Tag. Überall beginnen Bäume und Sträucher zu blühen. Die Frühlingsvögel wärmen ihre Stimmbänder nach dem Winter wieder auf. Es ist eine unheimliche Idylle, die mich auf meinen ersten Ausflug in dieser neuen Realität begleitet. Da sehe ich sie plötzlich. Menschen. In einem der wunderschönsten Parks der Stadt ganz in der Nähe spazieren auf einmal mehrere Leute. Aber irgendetwas ist anders. Ich brauche ein paar Minuten, um zu merken, was es ist. Dann fällt es mir auf.

Man weicht sich aus. Egal ob ein älterer Mann mit Gehstock, die junge Joggerin oder ein Vater samt Kinderwagen: Jeder macht eine Kurve um jeden. Ist nicht genug Platz auf einem Weg, bleibt man sogar stehen, um den- oder diejenigen an sich vorbeizulassen. Ein Spaziergang als menschlicher Slalomlauf. Es ist eine Disziplin, die mich beeindruckt und gleichzeitig erschreckt. Auf der einen Seite finde ich das sehr lobenswert, denn so, denke ich mir, kann ich mich auf keinen Fall anstecken. Und alle anderen hier im Park bleiben auch gesund. Auf der anderen Seite ist es erschreckend, was dieses Virus und die Maßnahmen dagegen mit unserer Gesellschaft machen. Ich setze mich für zehn Minuten auf eine der alten Parkbänke, die allesamt leer sind – hinsetzen traut sich offenbar auch keiner – und beobachte die Szenerie. Es wirkt fast so, als hätte jeder und jede, der oder die an mir vorbeikommt, die Pest. Die Leute beäugen sich kritisch, reden, auch wenn sie zusammen unterwegs sind, kaum miteinander, sie spulen ihren Spaziergang regelrecht ab.

Vielleicht liegt es an meiner Gesamtsituation, dass ich heute etwas melancholisch bin. Aber ich frage mich schon: Wo soll das hinführen? Wenn eine Woche solcher Maßnahmen unsere Gesellschaft bereits so verändert, wie soll das dann erst in Zukunft weitergehen? Aus China kommen heute endlich einmal positive Nachrichten in dieser Zeit. Dort hat man nach über zwei Monaten strengster Quarantäne die Maßnahmen jetzt wieder gelockert. Geschäfte dürfen wieder aufsperren, Kinder wieder in die Schule und Großeltern ihre Enkelkinder wiedersehen. Bei uns ist es bis dahin offenbar noch ein weiter Weg. Ein Ausblick, der mich heute doppelt müde macht.

MONTAG, 30. MÄRZ 2020

Ich musste tatsächlich gerade auf dem Kalender am Handy nachschauen, welcher Wochentag heute ist. Nach so vielen Wochen nur zu Hause, ohne jeglichen realen Kontakt, ohne Arbeit und ohne wirkliche Aufgabe, komme ich ganz schön durcheinander. Ich weiß jetzt: Heute ist Montag. Neue Woche, neues Glück heißt es ja immer so schön. Von wegen. Um elf Uhr Vormittag ist die Staatsspitze – wie so oft in den letzten Tagen und Wochen – vor die Presse getreten, um uns zu erklären, wie es in und mit der Corona-Krise weitergeht. Und so wie es aussieht, ist die Sache noch lange nicht ausgestanden. Das Virus breitet sich nach wie vor in rasanter Geschwindigkeit aus und deshalb werden die ohnehin schon drastischen Maßnahmen weiter verschärft. So muss man ab sofort etwa im Supermarkt eine Gesichtsmaske tragen. Ähnlich wie in vielen asiatischen Ländern soll es dann schrittweise überhaupt Usus werden, dass wir auch auf der Straße beim Spazierengehen einen solchen Mundschutz aufsetzen. Ein Leben lang habe ich keine Maske oder Ähnliches getragen. Jetzt muss ich es tun und schon wieder muss das ganze Land mitziehen. Ein wirklich schauriger Zufall.

Damit nicht genug. Alle besonders gefährdeten Menschen werden ab sofort vom Dienst freigestellt. Das heißt: Sie müssen nicht mehr arbeiten gehen, der Staat übernimmt die Kosten dafür. Eine Maßnahme, die auch mich treffen würde. Würde. Denn nach wie vor bin ich ja ohnehin im Krankenstand und muss daher nicht ins Büro oder Studio. Das ist allerdings hart genug. Mittlerweile ist die 14-tägige Quarantäne von Alex, beziehungsweise das selbstauferlegte Kontaktverbot nach seinem Job in Deutschland, beendet und ich wohne seit wenigen Tagen wieder zu Hause. Zumindest ein Stück Normalität ist zurückgekehrt, in dieser wirklich abnormalen Zeit. Wir schlafen zwar getrennt voneinander, damit wir zumindest so eine Ansteckung – womit auch immer – verhindern können, doch im eigenen Bett zu liegen fühlt sich trotzdem gut an. Ich bin über Nacht wieder um einige Jahre gealtert und fühle mich zum Glück nicht mehr wie ein Teenager im alten Kinderzimmer.

Dennoch ist unser Alltag komplett anders als zuvor. Auch Alex macht wie so viele Menschen im Land momentan »Homeoffice«. Auf unserem gläsernen Esstisch im Wohnzimmer hat er sich ein Büro mit Drucker eingerichtet, täglich am Vormittag trifft er seine Kollegen virtuell zu einer Teambesprechung, danach arbeitet und feilt er an Konzepten für die Unternehmensberatungsfirma, für die er seit Jahren tätig ist. Während er also eine klare Tagesstruktur hat, muss ich mir diese selbst schaffen und das ist wahrlich keine leichte Aufgabe. Was macht man den ganzen Tag, wenn man eigentlich nichts machen darf? Lang schlafen ist ein Anfang, aber was dann? Es fällt mir momentan ehrlich schwer, mich aufzuraffen, etwas zu tun. Jeder Tag gleicht dem anderen und die Fülle an schlechten Nachrichten, die auf einen hereinprasseln, verstärkt meine Motivation nicht wirklich. So bewege ich mich zwischen Schlaf- und Wohnzimmer, zwischen Bad und WC und verbringe den Tag mit Nichtstun, Essen, Schlafen und

Schreiben. Mein einziger täglicher Fixpunkt ist der Sport: Zumindest für 45 Minuten setze ich mich auf den Hometrainer, nach wie vor im Opa-Modus, oder mache verschiedene Übungen auf meiner blauen Gummimatte. So habe ich zumindest das Gefühl, nicht komplett einzurosten.

Ab morgen ist mein Tagesprogramm ohnehin wieder fremdbestimmt. Da beginnt nämlich bereits Runde drei (Halbzeit!!!) meiner Chemotherapie, was wieder drei Tage im Krankenhaus bedeutet. Davor muss ich morgen früh aber noch ab in die Röhre. Zur ersten Computertomographie seit Beginn der Behandlungen. Die Bilder sollen meinen Ärzten zeigen, wie weit wir den Hodgkin schon zurückgedrängt haben. Ich bin aufgeregt, gespannt und ängstlich zugleich. Was wird dabei herauskommen? Ist noch viel von ihm da? Was, wenn sich gar nichts verändert hat? Eine Nacht noch schlafen, dann weiß ich mehr. Stattfinden wird die Untersuchung zumindest. Das Spital hat gerade angerufen und den Termin bestätigt. Immerhin eine gute Nachricht in Zeiten wie diesen.

MITTWOCH, 1. APRIL 2020

Es ist zum Glück kein Aprilscherz, den mir mein Ober-Doc heute überbringt – auf solche Scherze hat in diesem seltsamen Jahr ohnehin niemand Lust. Das Ergebnis der ersten Computertomographie-Untersuchung seit Beginn meiner Behandlung ist da. 24 Stunden habe ich seit gestern nervös darauf gewartet. Als er in mein Zimmer kommt, Nummer fünf, das ist mittlerweile mein Stammzimmer geworden, verrät mir sein Lächeln bereits, dass er gute Nachrichten mit im Gepäck hat. »Sie haben 95 von hundert Punkten. Das CT zeigt einen massiven Rückgang des Tumors, an vielen Stellen ist er schon ganz weg. Alles läuft besser als erwartet.« Es ist so ein unbeschreiblich gutes Gefühl, diese Sätze zu hören. All die Strapazen, die Ängste, die Sorgen und die Einschränkungen der letzten Wochen zahlen sich offenbar aus. Das habe ich jetzt schwarz auf weiß.

Weil aber noch immer einzelne Lymphknoten so sind, wie sie nicht sein sollen, stehen mir noch drei Zyklen bevor. Darauf hat mich mein Arzt, der wie das gesamte Krankenhauspersonal seit dieser Woche nur noch mit Atemschutzmaske arbeitet, bereits vorbereitet. Zu weit hat sich der Hodgkin schon in meinem Körper breitgemacht, wobei sein Rückzug spätestens jetzt eingeläutet ist. Ganz aufgeregt und voller Freude setze ich mich ans Handy, um Familie und Freunde über diese guten Nachrichten zu informieren. Die Erleichterung ist bei ihnen genauso spürbar wie bei mir. Alle haben mitgezittert und mitgefiebert und auf diesen Anruf gewartet.

Hier im Krankenhaus ist die Stimmung seltsam ruhig. Die Gänge sind leer. Und auch die Hälfte der Zimmer auf »meiner Station« ist nicht belegt. Das liegt aber nicht wie ich anfangs befürchtet habe daran, dass das Spital Behandlungen absagt, um Kapazitäten für Corona-Patienten freizuhalten. Ganz im Gegenteil. Viele Patienten sagen ihre Chemotherapien ab, aus Angst, sich im Krankenhaus mit dem Virus anzustecken. Ich kann das fast nicht glauben, als mir eine der jungen Krankenschwestern davon erzählt. »Wir wissen gar nicht, was wir mit unserer Zeit machen sollen. Uns ist richtig langweilig«, sagt sie seufzend. Manchmal verstehe ich die Menschen nicht. Wie kann man so eine wichtige Therapie aus Angst vor einem Virus absagen? Schon klar, so ein Krankenhaus ist nicht unbedingt eine keimfreie Zone. Aber hier wird circa alle zwei Stunden alles desinfiziert, jeder trägt Maske und Händeschütteln hat hier auf der Onkologie sowieso nie wirklich zum Kulturgut gehört. Riskiere ich lieber, an Krebs zu sterben, als mir ein Virus einzufangen? Nein, ich sicher nicht.

Die gleiche Meinung teilt auch Dani. Eine junge Frau, die ich zwar persönlich nicht kenne, von der ich aber weiß, dass uns dennoch einiges verbindet. Die sympathisch klingende Tennisschulbesitzerin ist die Freundin eines guten Freundes. Sie hat ebenfalls Lymphdrüsenkrebs. Eine andere Form als ich und etwas weiter fortgeschritten. Als Stefan, mein Tennisfreund, von meiner Krankheit erfahren hat, hat er uns zusammengespannt. In unregelmäßigen Abständen rufen wir uns an und bringen uns auf den neuesten Stand. Sie hat ihre sechs

Zyklen fast zur Gänze hinter sich. Auch heute telefonieren wir, weil ich ihr die guten Nachrichten von meiner CT-Untersuchung berichten will. Gut eingepackt stehe ich auf der Terrasse vor der onkologischen Station in der Sonne, die mich immer ein wenig an einen Gefängnishof erinnert, und plaudere mit der mir völlig unbekannten Frau, die mir doch so nah ist. Wir reden über unsere Erfahrungen mit den Chemotherapien, über unsere Ängste und Sorgen und natürlich über den Corona-Ausnahmezustand. Dass uns beide der Krebs genau in dieser Zeit erwischt hat, ist eine Art Doppeljackpot der anderen Art. Auch sie hat sich zu Hause völlig isoliert, trifft niemanden und versucht, sich so gut wie möglich zu schützen. Nächste Woche steht ihre letzte Behandlungsrunde an. »Ich habe schon ein mulmiges Gefühl, aber die Therapie abzusagen kommt überhaupt nicht infrage«, pflichtet sie mir bei.

Wir verabreden uns auf ein Bier am Tennisplatz, wenn das alles vorbei ist. Ein wirklich schöner Gedanke, wie so viele andere auch, die einen über die Zeit im Spital und in Isolation hinweghelfen. Dani hat übrigens noch keine CT-Untersuchung gehabt. Erst nach der sechsten und letzten Runde. Unfassbar, diese Ungewissheit. Auch wenn man natürlich spürt, dass sich im Körper etwas tut und man sich gesünder fühlt als vorher. Die Frage, ob und wie die Therapie anschlägt, beschäftigt einen dauernd. Dass sie anschlägt, habe ich jetzt quasi amtlich. Und das fühlt sich so richtig gut an und gibt Kraft und Motivation für die zweite Halbzeit. Denn die erste habe ich in wenigen Tagen geschafft. Yes!

PS: Corona und all seine Auswirkungen sind mir heute zum ersten Mal seit Wochen herzlich egal!

DONNERSTAG, 2. APRIL 2020

Die häufigste Frage, die mir meine Freunde derzeit stellen, ist: Wie fühlt sich das eigentlich an? Während ich gerade an der letzten Infusion für heute hänge, versuche ich diese Frage zu beantworten. Wie fühlt sich die Chemotherapie an? Das ist gar nicht so leicht zu beantworten. Nach drei Runden bin ich aber fast schon ein Pro und kann deshalb sagen: Das meiste spielt sich – zumindest bei mir – im Kopf ab. Sobald ich beginne, daran zu denken, wie viel und was da genau in meinen Körper hineingepumpt wird, wird mir ganz schwindlig und übel. Dabei spielt aber die Angst und das, was man so von Chemotherapien gehört hat und damit verbindet, eine größere Rolle als das, was sich bei mir tatsächlich abspielt.

Wenn ich ehrlich bin, ist das Unangenehmste an den Durchläufen im Spital das Spülen der Kanüle an meinem Port-a-Cath. Jedes Mal, wenn eine der Krankenschwestern in ihren blauen Kitteln – Pfleger gibt es hier auf der Station nur einen einzigen – vor einer Infusion mit einer Spritze das dünne Plastikschläuchlein durchputzt, macht sich binnen Sekunden ein unangenehmer, metallischer Geschmack auf meinem Gaumen breit. Es dauert nur wenige Sekunden. Im Gegensatz zum Abgang beim Wein hat dieser allerdings weder etwas Liebliches oder Herbes, sondern schmeckt einfach nur grauslich. Die Infusionen selbst spüre ich kaum. Erst nachher beginnt es im Körper zu arbeiten. Vor allem dort, wo sich der Hodgkin ausgebreitet hat, spüre ich ein Kribbeln und Pochen. Ich fühle förmlich, wie er weggespült wird, oder rede mir das zumindest ein. Ansonsten steigt mir ab und zu die Hitze in den Kopf oder es beutelt mich kurz durch. Das war's aber auch schon. Übergeben musste ich mich zum Glück bisher kein einziges Mal. Und auch übel ist mir kaum. Sobald mir leicht flau im Magen ist, werfe ich ein Paspertin ein, das einzige meiner jetzigen Medikamente, das ich schon vor der Behandlung gekannt habe, und alles ist wieder gut.

Die Umgebung des Spitals, die anderen Patienten, die teilweise viel stärker leiden müssen als ich, und der Geruch des Essens hier macht einen großen Teil des Sich-krank-Fühlens aus. Sobald ich zu Hause bin, fühle ich mich gleich wesentlich gesünder. Das Essen schmeckt mir, ich genieße die Sonnenstrahlen auf der Terrasse und fühle mich eigentlich ganz fit. Eigentlich. Denn in Sachen Kondition hinterlässt die Chemo schon ihre Spuren. Ich merke, dass ich recht schnell außer Atem bin. Tätigkeiten wie etwa den Balkon aufkehren oder das Bett überziehen strengen mich an. Und auch meine tägliche Sporteinheit läuft weiterhin auf einem ziemlichen Anfänger-Niveau, dabei war ich schon soooo fit. Aber das ist alles normal, sagen meine Ärzte. Das ist nun mal eine Auswirkung des Ganzen. Und ganz ehrlich, es könnte mich wesentlich schlimmer treffen.

Während ich also gerade die letzte Infusion, immerhin ein Zwei-Liter-Sackerl, in mich hineinrinnen lasse, bin ich heute schon wieder mehr an Corona und den Auswirkungen des Virus interessiert. Und die sind dramatisch. Über eine halbe

Million Menschen sind derzeit bei uns im Land arbeitslos. Über fünfzig Prozent mehr als im Vergleichsmonat des vergangenen Jahres. So viele wie seit Ende des Zweiten Weltkrieges nicht mehr. Geschlossene Geschäfte, Hotels und andere Betriebe, die wegen der Ansteckungsgefahr nicht öffnen dürfen, hinterlassen ihre Spuren beziehungsweise entlassen ihre Mitarbeiterinnen und Mitarbeiter. Auch bei uns im ORF wurde heute ein E-Mail ausgeschickt, dass es in einigen Bereichen Kurzarbeit geben soll. Das heißt übersetzt: Weniger arbeiten für achtzig Prozent des Gehalts, das meiste wird vom Staat bezahlt. Eine Maßnahme, die noch vor wenigen Wochen undenkbar gewesen wäre.

Vor allem in Bereichen, in denen die Kollegen derzeit nicht viel zu tun haben, Sportübertragungen und Kulturevents gibt's ja momentan keine, soll dieses Paket zur Anwendung kommen. Nicht im aktuellen Dienst. Denn dort gibt es dank Corona ja derzeit mehr als genug zu berichten. Für Langzeitkrankenstände soll es vorerst keine Kurzarbeit geben. Das bedeutet für mich eine Sorge weniger. Zumindest um meinen Job muss ich mir keine Gedanken machen. Da fällt mir ein, ich sollte mich vielleicht einmal mit der Gebietskrankenkasse in Verbindung setzen. Denn gekürzt wird mein Gehalt wegen des Hodgkins wohl doch. Einige Wochen oder Monate werde ich noch brauchen, bis ich hoffentlich nicht mehr atemlos zurück in den journalistischen Ring steigen kann.

PS: Ein paar Nebenwirkungen sind mir doch noch eingefallen. Schwitzende Hände zum Beispiel – das ist in Tagen wie diesen zum Glück nicht so schlimm, Händeschütteln ist eh gerade nicht en vogue – trockene Schleimhäute (leider überall) und ein aufgequollenes Gesicht. Danke, Cortison. Das ist aber alles nicht so tragisch. Vor allem, wenn man bedenkt, dass all das mit Ende der Therapie wieder verschwinden sollte.

MONTAG, 6. APRIL 2020

Im Hotel nennt man es »Early-Check-in«, im Spital »Corona-Sicherheitstest«: Seit heute muss ich vor jedem Spitalsaufenthalt bereits einen Tag vorher im Krankenhaus antreten, für einen Abstrich. »Mit dieser Maßnahme wollen wir verhindern, dass wir einen Corona-Fall bei uns auf der Station haben. Das wäre eine Katastrophe«, hat mir mein Ober-Doc bereits Ende vergangener Woche erklärt. »Und sehen Sie es positiv. Alle wollen getestet werden und hoffen auf einen der wenigen Tests. Sie bekommen ihn regelmäßig und kostenlos«, scherzt er. Na bitte. Gemeinsam mit Alexander mache ich mich also mit unserem Auto auf den Weg ins Kaiser-Franz-Josef-Spital. Auf der Straße zeigt sich ein seltsames, aber mittlerweile gewohntes Bild: Fast ausschließlich Menschen, die einen Mundschutz oder Maske tragen, sind zu sehen.

Vor wenigen Wochen im Spital habe ich mich noch wie ein Aussätziger gefühlt, als Ärzte und Schwestern mein Zimmer nur damit betreten konnten. Heute sind die meist weiß-hellblauen Teile das modische Must-have des Frühlings 2020. Es scheint, als ob mir die Welt mein Schicksal erleichtern wollen würde. Jedenfalls fühle ich mich mit meiner Maske, die ich auch im Auto aufhabe, nicht mehr allein. Noch dazu gilt in heimischen Supermärkten seit heute Maskenpflicht. Schon skurril. Vom Verhüllungsverbot zum Verhüllungsgebot in nur wenigen Jahren. Wer hätte das gedacht. Gut verhüllt spaziere ich also zu meinem Corona-Test ins Krankenhaus. Der Eingangsbereich ist mittlerweile gedrittelt. Es gibt einen fürs Personal, einen für Patienten ohne Termin und einen für Patienten mit Termin. Ich muss also durch den ganz rechten blauen Baustellencontainer, in dem wieder medizinisches Personal in Schutzausrüstung sitzt, um mein Fieber zu messen. 36,7 Grad zeigt das Thermometer an. Ich darf passieren. Das Spitalsgelände ist wie schon in den vergangenen Wochen wie leergefegt. Nur vor den Eingängen stehen vereinzelt Schwestern, Pfleger, Ärztinnen und Ärzte, die offenbar ihre Pause nützen, um frische Luft zu schnappen, oder auch nicht so frische Luft in Form von Zigaretten – die kann man übrigens auch durch die Maske rauchen, habe ich gesehen.

Ich muss ans andere Ende des Spitalsgeländes zur Notaufnahme. Dort werden die heiß begehrten und so raren Corona-Tests an onkologischen Patienten wie mir durchgeführt. In dem in die Jahre gekommenen Pavillon ist nicht viel los. Eine etwas verwirrt wirkende Frau sitzt im Wartebereich. Um die Ecke ein älterer Herr im Rollstuhl und ein junger Mann, dem es nicht sehr gut zu gehen scheint. Ansonsten sehe ich niemanden. Ich läute bei der Glocke am Empfang (»Einmal läuten« steht mit drei Ausrufezeichen geschrieben) und warte. Nach fünf Minuten öffnet sich eine Glasschiebetür und eine junge Frau fragt mich, was ich denn hier möchte. Nach einer kurzen Erklärung, einem Abgleich meines Namens und meiner Adresse, bittet sie mich, Platz zu nehmen, bis ich aufgerufen werde. »Kann ich auch vor der Tür warten?«, frage ich. »Solange Sie in Hörweite bleiben, kein Problem«, ruft mir ein junger Arzt zu, der neben der Schalterkraft sitzt.

Ich stelle mich also in die warme Frühlingssonne und warte. Plötzlich stürmt ein kleines grünes Männchen, kein Außerirdischer, sondern offenbar ein Pfleger in Schutzausrüstung, auf mich zu und schreit: »Herr Budgen!!« »Ja, das bin ich.« »Wir suchen hier keine Patienten, kommen Sie rein!«, brüllt er mich an. Das ist mir zu viel. Bei allem Verständnis für die Angespanntheit der Situation und die Nervosität des Personals, in diesem Ton muss niemand mit sich reden lassen. »Ich habe extra gefragt, ob ich vor der Türe warten darf und Ihr Kollege hat gemeint, es ist kein Problem. Außerdem sperre ich mich sicher nicht seit Wochen zu Hause ein, sehe keine Freunde und Familie, damit ich dann in einem engen Wartebereich mit fremden Leuten sitzen kann«, antworte ich dem noch immer aufgeregten Mann. Er quittiert meine Antwort mit einem unverständlichen Seufzer und bittet mich in einen Untersuchungsraum.

Getrennt von Plastikvorhängen stehen mehrere Kojen bereit, in denen Patienten untersucht und getestet werden. Nachdem ich nochmal meinen vollen Namen, mein Geburtsdatum und meine Adresse aufsagen muss, steht bereits eine junge Ärztin, ebenfalls mit Vollvisierhelm und grünem Ganzkörperkondom, vor mir und erklärt, was jetzt gleich passieren wird. »Wir nehmen bei Ihnen jetzt einen Abstrich aus dem Hals und einen aus der Nase. Das könnte ein bisschen unangenehm sein«, schickt sie voraus. Bilder von diesen Tests habe ich in den vergangenen Wochen im Fernsehen zur Genüge gesehen. Die Medizinerin, deren Gesicht ich leider nicht erkennen kann, nimmt das überdimensional große Wattestäbchen, bittet mich, den Mund zu öffnen und die Zunge rauszustrecken und fährt mir damit in den Hals. Meine Reflexe sind zu schnell. Binnen des Bruchteils einer Sekunde reiße ich ihren Arm weg und es würgt mich. Komm schon, denke ich mir. Jetzt hast du unzählige Untersuchungen und wochenlange Chemotherapien hinter dir und bei dieser Routinegeschichte führst du dich so auf. Beim dritten Versuch klappt es schließlich und die Ärztin hat auf ihrem Stäbchen das, wonach sie in meinem Rachen gebohrt hat. Kurz darauf das gleiche Spiel in der Nase. Kurz und schmerzvoll. Dann ist es erledigt. »Sollten Sie positiv sein, werden wir Sie informieren. Wenn nicht, dann können Sie morgen ganz normal ins Spital kommen«, sagt sie. Auf Wiedersehen. Bis zum nächsten Test.

Unterdessen hat die Regierungsspitze heute wieder einmal zu einer Pressekonferenz geladen. Bisher war ja immer die Rede von der großen »Auferstehung« nach Ostern. Wie die aussehen soll, wurde heute Vormittag skizziert. Weil die Ansteckungskurve massiv zurückgeht, sollen bereits Mitte April kleine Geschäfte aufsperren dürfen. Ein paar Wochen später dann auch größere. Wann Schulen wieder aufsperren oder man wieder Feste feiern darf, das steht noch nicht fest und hängt auch davon ab, wie sich die Ausbreitung des Virus weiterentwickelt. Denn sollte die Ansteckungsrate wieder steigen, könnte alles sofort wieder strenger werden, kündigt der Gesundheitsminister an. Mein heutiger Corona-Test trägt wohl nicht dazu bei. Denn wo ich mich in den vergangenen Wochen hätte anstecken können oder sollen, kann ich mir auch mit meiner blühendsten Fantasie nicht vorstellen.

DIENSTAG, 7. APRIL 2020

Es ist, wie es zu erwarten war: Ich wurde negativ getestet. Also kein Corona. Das wenige Stunden alte Attest ist meine Eintrittskarte zur Onkologie. Denn nur wer diesen unangenehmen Abstrich über sich ergehen lässt und keine der neuartigen Viren auf dem XXL-Wattestäbchen hinterlässt, darf seine Behandlung hier fortsetzen. Zuerst habe ich mich über diesen zusätzlichen Aufwand samt Spitalsbesuch geärgert. Aber in Wirklichkeit ist es ja nur zu meinem Wohl. Ich halte mich zwar an alle Regeln und kann mich nirgendwo anstecken, aber wer weiß, ob das meine Mitpatientinnen und -Patienten auch so strikt handhaben. Sicher ist sicher. Und so bekomme ich heute meine zwei kleinen Beutel intravenös, damit ist der dritte Zyklus abgeschlossen (Halbzeit!).

Einer meiner Ärzte, der kurz vor Behandlungsbeginn zur Visite in mein Zimmer kommt, wirkt heute irgendwie verändert. Nach kurzem Überlegen fällt mir auf, was es ist: Seine Haare sind ab. Nicht alle wie bei mir, aber von seinen schütteren Löckchen, die er sonst trägt, ist nicht mehr viel über. »Haben Sie eine neue Frisur?«, frage ich ihn, um ein bisschen Smalltalk zu führen. »Ohne Friseur geht es leider nicht anders«, scherzt er. »Der klassische Corona-Cut«, lache ich ihm zu. Tatsächlich haben dieser Tage immer mehr Männer kurzgeschorene Köpfe. Denn neben allen anderen Geschäften haben derzeit auch alle Friseure im Land geschlossen. Und so legen viele selbst Hand an und machen mit ihrer

»Haarpracht« kurzen Prozess. Es ist wieder so eine Ironie des Schicksals. Wie sehr habe ich mich gekränkt und geärgert, dass mir alle Haare ausgefallen sind, die Blicke in den Spiegel sind deutlich seltener geworden, und plötzlich müssen es mir viele nachmachen. Gut, es fällt nicht so radikal wie bei mir aus – aber immerhin sehe ich viele Hochsommerschnitte mitten im Frühling.

Auch wenn ich derzeit so gut wie nicht vor die Türe gehe, fühle ich mich dadurch dennoch weniger allein. Denn auch viele meiner männlichen Freunde tragen derzeit nicht ihre gewohnten Frisuren, sondern haben sich den »Corona-Cut« zugelegt. Die Corona-Nachrichten, die täglich auf uns hereinprasseln, sind ohnehin haarsträubend genug. Täglich sterben weltweit tausende Menschen an dem Virus. Die Spitalskapazitäten in vielen Ländern sind längst ausgereizt, sodass etwa in New York bereits Lazarette in Parks aufgebaut und sogar Gräber dort ausgehoben werden. Und während die Corona-Pandemie ihren Lauf nimmt, geht auch hier auf der Station D im Kaiser-Franz-Josef-Spital das Leben und Leiden weiter.

Als ich für heute fertig bin und quasi »entkabelt« werde – die Nadel aus meinem Port-a-Cath wird mir vor jedem Check-out entfernt – erzählt mir die sehr ambitioniert wirkende Krankenschwester vom neuesten Patienten, den sie heute erwarten. »Wir bekommen heute jemanden in Ihrem Alter. Jahrgang 1982«, erzählt sie mir ganz ohne Betroffenheit in der Stimme. »Was hat er denn?«, frage ich vorsichtig. »Es dürfte etwas im Blut sein. Leukämie vermutlich. Aber er muss jetzt noch eine Reihe von Untersuchungen, unter anderem eine Knochenmarkspunktion durchmachen, bevor wir es genau wissen«, erklärt sie mir. Auch wenn ich den jungen Mann heute nicht mehr zu Gesicht bekomme, ich kann mich so gut in ihn hineinversetzen. Für mich ist das Leben auf dieser Station mittlerweile Alltag – so schnell kann‘s gehen – aber die ersten Eindrücke und Ängste sind noch omnipräsent. Wie muss er sich jetzt fühlen? Die Ungewissheit, was in seinem Körper vorgeht. Die Angst, ob man an der Krankheit stirbt. Die Sorge davor, wie man die Therapie verträgt. Und das alles mit 37 Jahren, also gerade einmal ein Jahr älter als ich. Vielleicht lerne ich ihn in den nächsten Wochen kennen und kann ihm ein bisschen etwas von seiner Angst nehmen. Denn geteiltes Leid ist halbes Leid. Das gilt hier wohl etwas mehr als bei der unfreiwilligen Friseurabstinenz.

SONNTAG, 12. APRIL 2020

Es ist heute ein Ostersonntag, wie er im Bilderbuch steht. Zumindest wettertechnisch. Strahlend blauer Himmel, Sonnenschein, die Vögel zwitschern und alles blüht, sogar unser ziemlich unansehnlicher Kirschbaum, der erstaunlicherweise Saison für Saison überlebt. Ansonsten ist dieses Ostern nicht im Geringsten so, wie ich es in den letzten 35 Jahren gekannt habe. Wir sind wahrlich keine religiöse Familie, ich bin nicht einmal getauft, und trotzdem sind Weihnachten und Ostern normalerweise zwei äußerst kalorienträchtige und soziale Fixpunkte in unserer Mischpoche. Obwohl die Menüs seit Jahren die gleichen sind, wird schon Wochen vor dem Osterwochenende ausführlich besprochen, was und wie viel es zu essen gibt. Am Samstag gewöhnlich kaltes Buffet, am Sonntag Lamm. Seit ich denken kann, kommen zu Ostern meine Eltern, meine Brüder samt Anhängen sowie die besten Freunde der Familie in unserem Ferienhaus in Pitten zusammen, um gemeinsam Zeit zu verbringen. Es wird ausgiebig gefrühstückt, in der Sonne gelegen, gelacht und gekegelt. Zwei Ortschaften weiter gibt es einen kleinen Dorfwirt mit zwei in die Jahre gekommenen Kegelbahnen. Seit sicherlich 15 Jahren sperrt er diese zu Ostern auf, vielleicht sogar extra für uns, und wir stellen alle eindrucksvoll unter Beweis, dass die letzte Trainingseinheit tatsächlich schon ein Jahr her ist.

Mit von der Partie ist normalerweise auch Doris, eine der langjährigsten Freundinnen der Familie. Sie ist Steuerberaterin und ein echter Workaholic. Ihr Leben lang hat sie bis zu 16 Stunden am Tag oder besser gesagt in der Nacht gearbeitet, untertags geschlafen, wenig gegessen und viel geraucht. Doris ist eine lebenslustige, kluge Frau mit feuerroten Haaren, die heuer zu Ostern genauso fehlt, wie alles andere, das mir sonst so wichtig und lieb ist. Denn Doris hat ebenfalls Krebs. In der Lunge. Ihre Diagnose hat sie wenige Monate vor mir bekommen, seitdem muss sie alle drei Wochen zur Chemotherapie. Zwei Lungenentzündungen hat sie in der Zwischenzeit überstanden. Statt mit uns Eier zu pecken, liegt sie nun allein in ihrer großzügigen Wohnung in Wien, angehängt an eine Sauerstoffflasche, und darf nicht hinaus. Hochrisikopatientin, so wie ich und viele andere.

Mir war schon klar, dass dieses Osterfest ein wenig anders sein wird. Aber Corona hat es mir neben dem Krebs noch zusätzlich verdorben. »Feiern Sie auf keinen Fall mit Ihrer Familie. Bleiben Sie zu Hause und verbringen Sie die Zeit nur mit jenen, mit denen Sie im Haushalt leben«, appelliert die Politik schon seit Tagen via Zeitung und Fernsehen an die Bevölkerung. Und wir halten uns natürlich daran. Per Telefon wünsche ich meinen Eltern frohe Ostern. Ich merke vor allem bei meiner Mutter, wie sehr ihr der persönliche Kontakt zu uns fehlt. Keine Umarmung, kein Bussi, kein gar nichts. Das tut weh. Besonders heute.

Einen Vorteil hat die abgespeckte Oster-Version 2020 allerdings. Es ist das erste Mal seit einer Ewigkeit, dass unsere »Naschlade« zu Hause nicht vor lauter Schokohasen, Minieiern und anderen Kalorienbomben übergeht. Denn obwohl wir uns jedes Jahr vornehmen, auf die »süßen Nester« zu verzichten, hält sich Jahr für Jahr niemand daran. Mit vollen Taschen aus Pitten nach Hause zurückgekehrt, reicht der Schokovorrat dann meistens bis in den Herbst hinein. Heuer nicht. Das ist gut so. Auch weil meine Bewegungsfreiheit und damit die Möglichkeit, die Kalorien wieder abzutrainieren, momentan ziemlich eingeschränkt ist. Seit meinem letzten Spitalsbesuch vor knapp einer Woche habe ich die Wohnung nicht mehr verlassen und so hat sich mein Bewegungsradius auf Schlaf- und Wohnzimmer, Bad und Küche und unsere beiden Terrassen, für die tägliche Portion Frischluft, beschränkt. Auf ein ausgiebiges Osterfrühstück haben Alex und ich heute trotzdem nicht verzichtet. Mit Beinschinken, frischem Gebäck und bunten Eiern – ich habe beim Eierpecken wie immer verloren – hat es sich zumindest ein wenig wie Ostern angefühlt. Und auf Schokoeier muss ich auch heuer nicht ganz verzichten. Unsere lieben Nachbarn und Freunde Barbara und Andi haben uns zwei vor die Türe gelegt. Meines ist schon verputzt. Frohe Ostern!

DIENSTAG, 14. APRIL 2020

Alles neu macht in diesem komischen Jahr offenbar nicht der Mai, sondern schon der April: Nach rund einem Monat Komplettsperre haben seit heute Morgen wieder viele Geschäfte geöffnet. Kleinere mit unter 400 Quadratmetern und Bau- und Gartenmärkte. Keiner weiß so richtig, warum ausgerechnet die, aber es gibt schließlich immer was zu tun. Warum sonst stellen sich bereits ab sieben Uhr früh hunderte Menschen vor den Eingängen an. Nach Klopapier muss man jetzt offenbar Schleifpapier hamstern. Oder die eigenen vier Wände sind nach mehreren Wochen Ausgangsbeschränkung derart in Mitleidenschaft gezogen worden, dass ein Besuch beim Baumarkt unumgänglich scheint. Die Abstandsregel ist ja schon vor der Corona-Krise dort relativ leicht einzuhalten gewesen, zumindest zu den Mitarbeiterinnen und Mitarbeitern, die sich nicht nur zu Ostern gut versteckt haben.

Ich selbst sehe die Anstürme der Hobbybastler auf ihr Paradies nur auf Bildern und Videos im Internet. Erstens bin ich ein miserabler Handwerker und zweitens nach wie vor nicht gesund. Und so sitze ich weiterhin in meiner Heimquarantäne, mittlerweile habe ich aufgehört, die Tage zu zählen, und surfe durchs Internet. Bei dieser Gelegenheit habe ich zum ersten Mal seit langem wieder einmal meinen eigenen Namen gegoogelt. Bei meinen Interviewpartnern im Fernsehen mache ich das oft als Vorbereitung auf ein Gespräch. Denn die sogenannte automatische Vervollständigung zeigt oft lustige und skurrile Ergebnisse, aus denen sich spannende Fragen entwickeln können. Zum Beispiel »Schauspieler XY abgenommen« oder »Moderatorin XY Nase operiert«. Seit ich regelmäßig im TV auftrete und hierzulande ein bisschen prominent geworden bin, gibt es neben meinem Namen einige häufig gesuchte Begriffe wie etwa »Patrick Budgen Herkunft«, »Patrick Budgen Vater«, »Patrick Budgen ORF«. Jetzt gerade entdecke ich einen neuen Suchvorschlag: »Patrick Budgen wo ist er?«

Es geht also offenbar auch an Google nicht spurlos vorbei, dass mir seit mittlerweile zwei Monaten niemand mehr ein Mikro im Fernsehstudio anhängt, sondern ich stattdessen an Beuteln mit Chemotherapien im Krankenhaus hänge. Letzteres wissen freilich nur wenige. Es ist irgendwie ein schönes Gefühl, zu sehen, dass man dem Publikum abgeht. Oder dass sich einige zumindest fragen, was mit einem los ist. Eine Frage, die offenbar ebenfalls viele bewegt, ist die nach meinem höchstpersönlichen Leben. Denn die ersten beiden Vorschläge sind schon seit Jahren »Patrick Budgen Freund« und »Patrick Budgen Freundin«. Ich kann mich sehr gut erinnern, als diese Vorschläge in der Internetsuchmaschine das erste Mal aufgepoppt sind. Ich habe das irgendwo im Urlaub bemerkt und es hat mir mein gesamtes Blut in den Kopf gepumpt. Es hat sich angefühlt, wie wenn jemand durch ein digitales Schlüsselloch in mein Schlafzimmer hineinschaut. Warum glauben Leute, dass ich schwul bin? Wen geht es etwas an, mit wem ich zusammenlebe? Das waren lauter Fragen, die mich damals beschäftigt haben.

In meiner Familie, im Büro und in meinem Freundeskreis ist meine Homosexualität seit meinem Outing vor vielen Jahren überhaupt kein Thema mehr. Ich finde auch, man sollte sie nicht zum Mittelpunkt seines Lebens machen. Ich lebe seit fast zehn Jahren mit Alex zusammen, er ist Teil der Familie und, wie mein Vater einmal bei einem Geburtstagsfest gesagt hat, ihm lieber als jede Schwiegertochter. Das ist der private Patrick. Der öffentliche Patrick wollte von dem bisher nichts preisgeben. Man ist als Moderator ohnehin der Meinung so vieler Menschen ausgesetzt, dass man sich nicht zusätzlich verletzlich machen will. Was würden die vielen älteren Damen denken, von denen sich unter meinen Fans überdurchschnittlich viele befinden, wenn sie wüssten, dass ich mit einem Mann zusammenlebe und nicht ihr potentieller »Traum-Schwiegerenkel« bin? Würden sie mich dann immer noch mögen und schätzen oder plötzlich mit ganz anderen Augen sehen?

Meine freiwillige Abgrenzung meiner öffentlichen Rolle gegenüber meinem Privatleben geht sogar so weit, dass ich es vermeide, »schwul« auszugehen. Um den Regenbogenball, die Parade oder Clubbings mache ich einen großen Bogen. Nicht, weil ich ein Tanzmuffel bin, ich habe zwar nie eine Tanzschule besucht, aber Disco-Moves kriege ich schon ganz gut hin, sondern, weil ich mich dem Ganzen nicht aussetzen will. Was »das Ganze« bedeutet, weiß ich, als ich diese Zeilen schreibe, gar nicht so genau. Zu mir stehen? Sich davon befreien, was die anderen Leute denken? So wie es mir seit kurzem viel leichter über die Lippen geht, zu sagen, dass ich Krebs habe, was vor wenigen Wochen noch einem Schuldeingeständnis gleichgekommen wäre, merke ich auch hier eine Veränderung in mir. Zahlt es sich tatsächlich aus, sein Leben für andere zu leben? Ist die Zeit dafür nicht viel zu schade und kostbar? Ich denke, sie ist es. Meine schwulen Freunde und auch Alex wird es freuen, die nächste Gay-Disco kann kommen. Vielleicht macht dieser April auch für mich vieles neu.

FREITAG, 17. APRIL 2020

Wenn im Wörterbuch neben dem Begriff »Stubenhocker« ein Bild abgedruckt wäre, wäre es vermutlich meines. Seit exakt zehn Tagen habe ich die Wohnung jetzt schon nicht mehr verlassen. Seit zehn Tagen! Es fühlt sich an wie eine Ewigkeit. Unter normalen Umständen wäre das für mich die reine Folter – sowohl psychisch als auch physisch. Bei meinem üblichen Bewegungs- und Aktivitätsdrang würde es mir auch gar nicht in den Sinn kommen, über eine Woche lang ausschließlich in den eigenen vier Wänden zu bleiben. Aber üblich und normal ist in diesen Tagen nichts. Danke, Corona. Danke, Krebs. Auch wenn ich mein Schicksal mittlerweile selbst akzeptiert habe, fällt es mir nach wie vor schwer, es mit der Außenwelt zu teilen. Und so ein Spaziergang in der Umgebung, sei er auch noch so kurz, wäre so ein Teilen. Ein Ausflug, etwa an den Neusiedlersee, kommt derzeit ohnehin nicht infrage, dort sind Touristen seit kurzem nicht erwünscht, wie in anderen ländlichen Gebieten auch.

Ich will keine Nachbarn im Lift treffen oder unseren Stammwirten ums Eck oder eine Zuschauerin, die mich möglicherweise vermisst. Und auf keinen Fall will ich draußen in ein Gespräch verwickelt werden. »Na, wie geht's dir?« »Wir haben uns ja schon ewig nicht mehr gesehen.« »Warum sieht man Sie denn gar nicht mehr im Fernsehen?« Das sind Fragen, auf die ich wirklich keine Lust habe. Und so ist meine Wohnung derzeit meine sichere Komfortzone. Sie ist eine Art stiller Luxuskäfig, in dem ich mich wie ein Tiger täglich auf und ab bewege und regelmäßig die Tage zähle, bis die Therapie endlich vorbei ist. Es sind mittlerweile weniger als sieben Wochen.

Auch optisch fühle ich mich leider nicht wirklich herzeigbar. Zwar ist meine Eitelkeit in den vergangenen Wochen auf ein Mindestmaß geschrumpft, man muss sich nach der Decke strecken, aber ganz kann ich sie leider auch im Krisenmodus nicht abwerfen. Der tägliche Blick in den Spiegel tut weh. An die Glatze habe ich mich längst gewöhnt, die Augenbrauen sind mir zum Glück geblieben, aber mittlerweile hinterlässt das Cortison immer mehr Spuren, vor allem in meinem Gesicht. Es sieht aus, als hätte mir jemand Eigenfett gespritzt und sich ein wenig in der Dosis vertan. Meine Wangen sind rund und speckig, mein Kinn schrammt an der Grenze vom Doppel- zum Dreifachkinn. Ich schaue aus wie eine übergewichtige Karikatur meiner selbst. Auch wenn ich weiß, dass diese Nebenwirkungen in einigen Wochen wieder verschwunden sein werden, kilomäßig habe ich mich nämlich ganz gut gehalten, machen sie mein Leben und den Kontakt zur Außenwelt nicht unbedingt leichter. »Mit Kappe und Maske erkennt dich ja eh keiner und man sieht auch gar nichts von deinem Gesicht. Und jetzt während der Corona-Krise fällst du auch gar nicht damit auf«, versucht mich ein guter Freund zu trösten. Eigentlich hat er recht.

Mein ungutes Gefühl im Bauch können leider auch Mundschutz und Kopfbedeckung nicht nehmen. Aber ich werde es mir überlegen. Denn langsam fällt mir hier zu Hause wirklich schon die Decke auf den Kopf, sogar auf der sonnigen

Terrasse, die mir mittlerweile auch nicht mehr allzu viel Entspannung bereitet. In drei Tagen muss ich allerdings ohnehin wieder raus. Der nächste Corona-Test steht an. Denn am Dienstag heißt es einrücken zu Chemo-Runde vier ins Krankenhaus. Dort findet seit Wochen meine einzige Interaktion mit Menschen, abgesehen von Alexander und meinen Eltern, statt. Ob das Security-Personal am Eingang, der Medizin-Student, der meine Temperatur misst, die Krankenschwestern auf meiner Station oder mein Ober-Doc – die Menschen im Kaiser-Franz-Josef-Spital sind seit Beginn meiner Erkrankung und der Corona-Krise die einzigen, die ich zu Gesicht bekomme. Auch wenn menschliche Wärme geben ihr Job ist, die meiner Freunde und Familie fehlt mir zusehends mehr.

MONTAG, 20. APRIL 2020

»Schau auf dich, schau auf mich«, tönt es mittlerweile seit Wochen aus dem Radio und Fernsehen. Gemeint ist damit: Abstand halten, Maske tragen. Ein Slogan, der für manche offenbar nur heiße Luft ist. Auch für Ärzte. Ich muss wieder einmal zum Corona-Test antreten. Runde vier meiner Chemotherapie steht bevor. Erst vor zwei Tagen hat der Gesundheitsminister angekündigt, das Spitalsystem aufgrund der niedrigen Corona-Infektionszahlen langsam wieder hochzufahren. Eine Ankündigung, deren Umsetzung ich schnell merke. Am Spitalsareal ist heute wesentlich mehr los als in den vergangenen Tagen, auch auf der Notaufnahme, wo die Corona-Tests für Krebs-Patienten wie mich durchgeführt werden. Das ganze Prozedere ist übrigens nichts für Langschläfer, denn das reservierte Zeitfenster ist acht bis zehn Uhr.

Im Gegensatz zu meinem letzten Besuch hier ist der Wartebereich gut gefüllt. Fast jeder zweite der knallgrünen Plastiksessel ist besetzt. Manche Patienten kenne ich von meinen letzten Aufenthalten auf der Onkologie. Da gibt es einen älteren Herren, der etwas mitgenommen aussieht, die Schlager-Klänge aus seinem Radio im Nachbarzimmer sausen mir jetzt noch in den Ohren. Auch ein junger Mann wartet auf seinen Corona-Abstrich, bevor seine Chemotherapie weitergehen kann. Zwischen all den kranken Menschen spaziert plötzlich eine circa 45-jährige Frau in die Notfallambulanz. Sie wirkt gut betucht, mit Burberry-Schal und Perlen-Ohrstecker, und bahnt sich zielsicher ihren Weg zur jungen Frau hinter einer Glaswand, die die Patienten hier aufnimmt. »Guten Morgen. Ich habe vor einer Stunde mit der Frau Doktor telefoniert. Sie hat mir zugesichert, dass ich hier einen Corona-Test bekomme«, sagt die »Patientin« mit leichtem Akzent, den ich nicht zuordnen kann. »Auf welcher Station werden Sie denn aufgenommen?«, fragt die Schalterkraft routiniert. »Nein, nein. Ich werde nicht aufgenommen. Ich habe allerdings seit zwei Tagen Fieber und Husten und deshalb hat mir die Frau Doktor gesagt, dass ich zum Corona-Abstrich kommen kann.«

Die Panik ist nicht nur im Gesicht der jungen Krankenhaus-Angestellten zu sehen, sondern vermutlich auch in meinem. Mit ernstem Ton in der Stimme sagt sie: »Da müssen Sie zu Hause bleiben. Wir sind hier auf einer Notaufnahme. Da können Sie doch nicht einfach herkommen. Sie müssen den Ärztefunkdienst anrufen und der kommt dann, um Sie zu testen.« Doch davon lässt sich die Frau nicht beeindrucken und setzt fieberhaft – wie hoch es ist, weiß ich leider nicht – nach: »Ich habe vor einer Stunde mit der Frau Doktor telefoniert und sie hat mir zugesichert, dass ich getestet werde!« Weil besagte Frau Doktor vor wenigen Minuten aus dem Nachtdienst nach Hause gegangen ist, wird sie schließlich angerufen. Das Ergebnis, das der ganze Warteraum mitbekommt: Die vermeintliche Patientin darf bleiben und wird getestet.

Ich bemerke die Fassungslosigkeit und auch Sorge im Gesicht der anderen Krebs-Patienten. Sie alle haben sich wohl so wie ich in den vergangenen Tagen und Wochen eingesperrt und Social Distancing betrieben, um dann in einem engen Warteraum mit einem Corona-Verdachtsfall zu sitzen. Ich habe mich instinktiv schon in den letzten Winkel des Raumes gestellt, als Hypochonder legt man auf den empfohlenen Meter Abstand gleich noch zwei, drei oben drauf, und eine meiner supersicheren Atemschutzmasken aufgesetzt. Trotzdem bin ich entsetzt und verärgert. Es zeigt für mich, dass Ärzte – bei all den großartigen und engagierten, die ich hier in den letzten Wochen kennengelernt habe – auch manchmal nur Menschen sind, mitunter etwas unvernünftig. Und dass Werbung, sei sie auch noch so omnipräsent, leider nicht immer wirkt.

PS: Mein Corona-Test ist wenig überraschend wieder negativ. Das Ergebnis der Perlenohrstecker-Frau ist mir leider nicht überliefert worden.

DIENSTAG, 21. APRIL 2020

So schnell kann es gehen. Maskenpflicht gibt es bald nicht nur hier im Spital für das Krankenhauspersonal. Auch Kellnerinnen und Kellner müssen sich neben der Schürze künftig einen Mund-Nasen-Schutz umbinden. Während ich die zweite Infusion für den heutigen Tag bekomme, verkündet die Regierungsspitze wieder einmal live im TV die neuen Regeln für die Gastronomie. Mein Interesse an diesen Pressekonferenzen hat in den vergangenen Wochen deutlich abgenommen. Kurz zusammengefasst: Lokale und Restaurants dürfen ab 15. Mai wieder aufsperren, allerdings nur bis 23 Uhr, dann ist Sperrstunde. Schön wäre es, wenn sich die Chemotherapie auch an solch christliche Zeiten halten würde. Doch weil die Lieferung sich heute etwas verspätet hat, dauert mein »Schema« heute bis 3.30 Uhr. So früh stehe ich nicht einmal für meine »Guten Morgen Österreich«-Sendungen auf.

Schon am Nachmittag kommt mich mein Ober-Doc im Zimmer besuchen. Selten habe ich zu einem Mediziner eine solch vertrauensvolle und herzliche Beziehung aufgebaut wie zu ihm. Zugegeben, ich habe in meinem Leben auch keinen Arzt so oft gesehen wie ihn. Wir plaudern über Gott und die Welt und das Gespräch entwickelt sich immer mehr zu einem Interview. Endlich bin ich wieder in meinem Element. Er der Experte, ich der Reporter. Und so frage ich ihn über eine Stunde lang über sein Fachgebiet aus. Gleich die ersten Informationen, die er für mich parat hat, liegen mir schwer im

Magen. »Bei Ihrer Therapie haben wir vor noch 15, zwanzig Jahren die Patienten sedieren müssen, weil die Nebenwirkungen so stark waren. Die Patienten haben oft schon beim Anblick des Spitals die Nerven verloren und zu brechen begonnen. Da sind in den letzten Jahren zum Glück sehr viele Medikamente entwickelt worden, die vor allem die Übelkeit massiv eindämmen«.

Puh. Was für ein Glück, denke ich mir. Die Vorstellung, vor jeder Therapie in Narkose versetzt zu werden, ist fast unerträglich. Auch die Krebstherapie selbst hat in den vergangenen Jahren massive Fortschritte gemacht, erzählt mir mein Arzt, der während des gesamten Gesprächs eine hellgrüne OP-Maske trägt. »Mittlerweile sind 4.000 verschiedene Wirkstoffe in klinischen Testungen. Hunderte davon wenden wir bereits an. Dadurch sinkt die Wahrscheinlichkeit, an Krebs zu sterben, jedes Jahr«, sagt er, nicht ohne Stolz in der Stimme. Wie viel das eigentlich kostet, möchte ich noch wissen. »Das ist ganz unterschiedlich. Ihre Therapie ist verhältnismäßig günstig und kostet ein paar tausend Euro, weil es sie schon lange gibt und sie gut erprobt ist. Es gibt aber durchaus auch Krebsarten wie etwa spezielle Formen der Leukämie, die mit einer doppelten Immuntherapie behandelt werden müssen. Das kostet dann schon rund 150.000 Euro«, antwortet er fachmännisch.

Wow. Eine Menge Geld. Was für ein Glück, dass wir in einem Land leben, wo einem so etwas bezahlt wird. Wenn ich daran denke, wie sich etwa in den USA Menschen ohne Sozialversicherung nicht einmal die kleinsten Behandlungen – geschweige denn eine Krebstherapie oder eine Corona-Behandlung – leisten können, geht es uns hier wirklich gut. Und so eine Behandlung brauchen gar nicht wenige Menschen in Österreich. »40.000 Neudiagnosen gibt es jedes Jahr«, rechnet mir mein Arzt vor. Ich bin also wahrlich nicht allein mit meinem Schicksal. Hier im Krankenhaus bleibt die Küche übrigens auch während der Corona-Krise nicht kalt.

Die »Giftküche«, wie sie hier genannt wird, ist ein eigener Trakt im Krankenhaus, in dem die Chemotherapien jeden Tag frisch »zubereitet« werden. »Jeder Patient bekommt da täglich eine auf ihn genau zugeschnittene Dosis. Die Medikamente werden je nach Gewicht, Alter und Diagnose zusammengestellt und dann in Plastikbeutel gefüllt und per Boten in Kühltaschen zu uns auf die Station gebracht«, erklärt mir der Krebsspezialist. Die Giftküche bleibt also kalt, aber zumindest offen. Auf Körpertemperatur gebracht werden die teilweise bunten Flüssigkeiten erst hier auf der Station, bevor sie dann den Patienten intravenös verabreicht werden. Auf jedem Beutel klebt zur Sicherheit auch noch ein Pickerl mit Namen und Geburtsdatum des jeweiligen Empfängers. Bevor die Schwestern oder Pfleger die Infusion anschließen, muss zur Kontrolle jeder und jede hier seinen Namen und sein Geburtsdatum aufsagen. Und so muss auch ich heute noch vier Mal sagen: »Patrick Budgen. 9. September 1983.« Auch um 3.30 Uhr. Denn Sperrstunde gibt es hier im Spital keine. Auch nicht in Corona-Zeiten.

FREITAG, 24. APRIL 2020

Wie oft habe ich diesen Satz gehört und ihn belächelt: »Lachen ist die beste Medizin.« Abgedroschen. Eh lieb. Eine Theorie von Idealisten. So habe ich bisher darüber gedacht. Auch wenige Tage, nachdem ich meine Diagnose bekommen habe, war das noch so. Eine gute Bekannte hat mir damals folgende sehr lieb gemeinte SMS geschrieben: »Ich wünsche dir viel Kraft und Zuversicht für die nächste Zeit und hin und wieder Momente, in denen du lachen kannst und Leichtigkeit spürst.«

Wie bitte? Lachen und Leichtigkeit spüren? Wie soll das funktionieren? Ich habe Krebs und muss mich einer anstrengenden Chemotherapie unterziehen. Und ich bin zum ersten Mal mit dem Tod konfrontiert. Scherzkeks. Ein paar Wochen später bin ich wesentlich schlauer. Ob es die beste Medizin ist, weiß ich nicht – aber es ist auf jeden Fall eine willkommene Abwechslung zum Krankenhausalltag und der Isolation zu Hause. Und es gelingt mir zusehends mehr.

Hauptsächlich verantwortlich für mein regelmäßiges Lachbauchmuskel-Training – Sixpack bekomme ich davon leider keines – ist meine liebe Früh-TV-Kollegin Eva, die längst zu einer meiner besten Freundinnen geworden ist. Sie ist quasi meine Drill-Instrukteurin der Fröhlichkeit und der guten Laune. Vor über vier Jahren haben wir uns im Zuge der neuen ORF-Frühschiene kennengelernt. Zwei selbstbewusste Menschen, die sich nur aus dem Fernsehen kannten, sollten plötzlich gemeinsam das Land aufwecken. Und das im Idealfall in trauter Harmonie. Wie soll das funktionieren? Schon nach einem ersten gemeinsamen Abendessen, zu dem sie mich eingeladen hat, zum gegenseitigen Beschnuppern, war klar: Das wird leichter als gedacht. Ich habe selten einen Menschen getroffen, mit dem ich derart auf einer Welle schwimme – und zwar vor und hinter der Kamera. Während in unserer Sendung jeder genau weiß, was der andere gerade denkt und braucht und wir uns wie bei einem Ping-Pong-Spiel die Bälle zuwerfen können, lassen wir uns auch im Privaten nicht im Stich. In Sachen Spontanität habe ich schon wahnsinnig viel von ihr gelernt.

Als klar war, dass ich Krebs habe und mir ein Lymphknoten entfernt werden muss, war Eva die Erste, die alles stehen und liegen gelassen hat, um zu mir ins Krankenhaus zu kommen. »Damals« vor ein paar Wochen war das ja noch möglich. Gesehen habe ich sie seither nicht mehr, dafür haben wir uns umso öfter gehört. Wir telefonieren täglich mehrmals und blödeln oft stundenlang. Dazwischen switchen wir mühelos zu ernsten Themen und besprechen mal wieder die Welt, wie wir das dann gerne nennen. Es sind Gespräche, in denen ich meine Krankheit und die gesamte Situation rund um Corona komplett vergesse und dafür bin ich Eva sehr dankbar. Sie ist mein Soulmate, nicht nur in Krisenzeiten. Überhaupt haben mir Krebs und Corona vor Augen geführt, dass ich in Sachen Freundschaften offenbar nicht alles falsch gemacht habe. Man sagt immer, gute Freunde kann man an einer Hand abzählen. Die letzten Wochen haben mir gezeigt, dass ich zwei Hände zum Zählen brauche. Und das ist wahrlich keine Selbstverständlichkeit.

Im Gegensatz zu mir dürfen in Kürze die Schülerinnen und Schüler in diesem Land wieder ihre Freunde treffen. Der Bildungsminister hat heute den Fahrplan präsentiert, wer wann wieder zurück in die Klasse darf. Sechs Wochen sind die Schulen jetzt schon zu. Es ist ein Stufenplan: Ab 4. Mai dürfen zunächst die Maturanten und alle Schülerinnen und Schüler der Abschlussklassen der Berufsschulen und berufsbildenden höheren und mittleren Schulen wieder zum Unterricht. Zwei Wochen später sind dann die 700.000 Kinder und Jugendlichen der Volksschulen, AHS-Unterstufen und der Neuen Mittelschulen dran. Am 3. Juni, wenn meine Chemo schon fast geschafft ist, geht dann für alle anderen der Ernst des Lebens für dieses Schuljahr wieder los. Und zwar im Schichtbetrieb. Eine Gruppe wird von Montag bis Mittwoch unterrichtet, die andere Donnerstag und Freitag. Danach wird gewechselt. Außerdem heißt es für alle früher aufstehen. Denn die Schultore sollen sich bereits um 7.30 Uhr öffnen, damit sich weniger Kinder gleichzeitig im Eingangsbereich und in den Gängen drängeln, um eine Ansteckung mit dem Coronavirus zu vermeiden. Ein Glück für alle Lehrer, dass Eva und ich nicht mehr im schulpflichtigen Alter sind und gemeinsam in einer Klasse sitzen. Wir hätten uns auch mit Mund-Nasen-Schutz nicht vom Lachen abhalten lassen. Wir hätten bestimmt die letzte Reihe in Beschlag genommen und wären regelmäßig auseinandergesetzt worden …

PS: Beruflich hätte ich in den nächsten Wochen auch ohne Krebs auf unsere morgendlichen Doppelkonferenzen verzichten müssen. Denn aufgrund der Corona-Pandemie macht unser mobiles Studio bis Ende Juni vor dem ORF-Zentrum

Station und tourt nicht wie sonst durchs ganze Land. Mit nur einem Moderator oder einer Moderatorin. Erst ab Anfang Juli soll es wieder einen moderativen Paarlauf geben. Im Sommer gäbe es laut Plan ohnehin keine Woche aus Wien, erst wieder im September. Dann hoffentlich wieder mit mir an Bord.

DIENSTAG, 28. APRIL 2020

Just an dem Tag, an dem klar ist, wann die Freibäder trotz Corona-Krise wieder aufsperren – es ist der 29. Mai – springe ich ins kalte Wasser. Es ist mein erster Tag an der Tagesklinik. Nachdem die Infusionen am Ende jedes Zyklus nur zwei Mal zehn Minuten dauern, habe ich beschlossen, sie diesmal ambulant in mich hineinrinnen zu lassen. Dafür muss ich heute wieder zeitlich in der Früh im Krankenhaus sein. Zum ersten Mal, seit es die Zugangsbeschränkungen gibt, hat sich vor den blauen Baustellencontainern eine lange Schlange gebildet – ganz ähnlich stelle ich mir die Situation vor Supermärkten vor, in denen ich ja schon seit Wochen nicht mehr war. Doch das Abstandhalten funktioniert. Nach etwa zwanzig Minuten und einem Fieber-Check stehe ich schließlich vor dem Gebäude, das ich heute betreten muss: Es ist dasselbe, in dem ich vor wenigen Monaten meine Krebsdiagnose erhalten habe.

Der Pavillon ist in die Jahre gekommen, genauso wie zwei Herren, die vor dem Haus auf einer Parkbank sitzen. In der linken Armbeuge die Infusion, in der rechten Hand eine Zigarette. Ich gehe an ihnen vorbei und sehe auf einer silbernen Tafel geschrieben, wo ich für heute hinbestellt bin. »Onkologische Tagesklinik, 1. Stock«, steht da in großen, schwarzen Buchstaben geschrieben. Wie in Wiener Häusern aus der Jahrhundertwende üblich, gibt es ein Hochparterre und so bin ich nach den wenigen Stufen ziemlich außer Atem, als ich vor der Ambulanz ankomme. Als ich die große, gläserne Türe aufmache, die Schnalle natürlich nur mit dem Pullover berühre, trete ich in eine Welt ein, die mir völlig surreal erscheint. Von draußen habe ich noch das Vogelgezwitscher im Ohr und den Frühlingsduft in der Nase, hier drinnen höre ich lautes Piepsen der Infusions-Maschinen und es riecht nach Desinfektionsmittel und Schweiß.

»Nehmen Sie bitte auf einem freien Sessel Platz«, sagt mir die resolut wirkende, philippinische Schwester, nachdem ich mich am Schalter angemeldet habe. Gesagt, getan. Als ich mich hinsetze und in die Runde schaue, wird mir meine Krankheit zum ersten Mal seit langem wieder so richtig bewusst. Jeder hier ist davon gezeichnet. Viele haben die Augen zu und lassen ihre Chemotherapie über sich ergehen. Auf jedem Infusionsständer hängt ein A4-Blatt mit dem »Speiseplan« des jeweiligen Patienten. Und sind die Augen einmal offen, erkenne ich eine wahnsinnige Müdigkeit bei meinen Leidensgenossen. Bei mir sind es heute zum Glück nur zwei kleine Portionen, die ich in diesem Chemo-Drive-in im Krankenhaus bekomme.

Gesprochen wird unter den Krebspatienten kaum und das liegt nicht am größeren Abstand zwischen den Stühlen, die man wegen der Corona-Pandemie auseinandergerückt hat. Es gibt offenbar nichts zu sagen. Jeder und jede hier ist froh, schnell wieder draußen zu sein, wobei »schnell« relativ ist: Ein Mann, der mir gegenübersitzt, muss heute noch bis 17 Uhr hierbleiben. Die Einzigen, die etwas Spaß und Lachen in den tristen und ziemlich altmodischen Raum bringen, sind die zwei Krankenschwestern, die routiniert und mit viel guter Energie für die über 14 Patienten hier gleichzeitig sorgen und dabei immer ein nettes Wort auf den Lippen haben. Trotz Mundschutz, den auch hier alle tragen müssen. Zehn Quadratmeter Platz pro Person gibt es hier aber definitiv nicht. So viel braucht es künftig nämlich im Freibad pro Badegast. Völlig verrückt. Auf großen Wiesen im Freien gibt es strenge Regeln, um sich nicht mit dem Coronavirus anzustecken.

Chemo-Patienten hingegen müssen samt schwachem Immunsystem auf engem Raum sitzen, vermutlich, weil das Geld für einen Neubau fehlt. Die Ärzte und Schwestern versuchen hier wirklich das Beste aus der Situation zu machen, das gelingt aber halt nur im Rahmen der Möglichkeiten. Vielleicht werde ich, wenn ich wieder gesund bin, einmal einen Ausflug hierher mit einem zuständigen Politiker machen, samt Fernsehkamera. Es würde mich interessieren, was er oder sie zu den baulichen Gegebenheiten hier zu sagen hätte. Auch ich mache während meiner Chemotherapie zwischendurch die Augen zu und stelle mir vor, irgendwo am Pool in der Sonne zu liegen. Die Liegen hier sind eigentlich ganz bequem. Doch spätestens mit dem lauten Alarmsignal der fertigen Infusion ist der Tagtraum geplatzt und ich bin wieder mittendrin auf der Tagstation der Onkologie. Eine Liege hier will ich für den Rest meines Lebens nicht mehr reservieren müssen ...

FREITAG, 1. MAI 2020

Es ist heute ein Feiertag, der Freiheit mit sich bringt. Nach sieben Wochen der Ausgangsbeschränkungen feiert der Alltag an diesem langen Wochenende so etwas wie ein Comeback, zumindest für alle um mich herum. Seit Mitternacht darf man wieder Freunde und Familie treffen. Meine Eltern haben das als Hochrisiko-Patienten schon gestern getan, sehr zum Unmut meines kleinen Bruders und mir. Auch die fetten Haare gehören der Vergangenheit an, denn morgen dürfen neben allen anderen Geschäften auch die Friseursalons wieder aufsperren. Mit mir machen sie derzeit noch kein sehr großes Geschäft.

Um die Infektionszahlen weiter gering zu halten – heute ist in Wien das erste Mal seit Wochen kein einziger Mensch mit oder an der Corona-Krankheit gestorben – gelten allerdings weiterhin strenge Regeln. So muss man etwa in allen geschlossenen Räumen eine Maske tragen und auch die Ein-Meter-Abstandsregel gilt so gut wie überall. Trotz dieser Einschränkungen habe ich das Gefühl, das ganze Land freut sich auf dieses bisschen Selbstverständlichkeit, das nun wieder in unser Leben zurückkehrt. Eine Selbstverständlichkeit, die ich und wohl auch viele andere bis vor kurzem viel zu wenig wertgeschätzt habe. Wie oft habe ich vor Corona und Krebs Treffen mit Freunden und Familie verschoben und abgesagt. »Ich bin zu müde«, »die Arbeit war heute wieder einmal zu stressig«, »lass uns das doch auf nächste Woche verschieben«

– so oder so ähnlich waren meine regelmäßigen Ausreden, um einfach einmal wieder einen ruhigen Abend zu Hause zu haben.

Mein Bedarf an ruhigen Abenden zu Hause ist für das nächste Jahrzehnt gedeckt, denke ich. Ich glaube immer, ich habe ewig Zeit, alles lässt sich verschieben und nachholen. Doch der Hodgkin hat mich eines Besseren belehrt. Von einem Tag auf den anderen können Dinge, die ein Leben lang möglich waren, es plötzlich nicht mehr sein. Auch mit 36 Jahren. Das ist eine schmerzliche Erfahrung, die dank Corona die halbe Welt mit mir geteilt hat. Heute zum Beispiel wäre ich eigentlich auf Ibiza. Und in Zagreb. Quasi gleichzeig. Dort ein langes Geburtstagswochenende mit Freunden, da ein Polterabend. Geht nicht? Eh nicht. Aber in meiner schusseligen Art habe ich vor Monaten zu beiden Reisen zugesagt, ohne in den Kalender zu schauen, den ich ja prinzipiell nicht verwende, und prompt war mein Name auf zwei Flugtickets gedruckt.

Wo sitze ich jetzt? In meiner Wiener Wohnung und schreibe an diesen Zeilen. Schon im Februar nach meiner Diagnose war klar, dass ich weder in das eine, noch in das andere Flugzeug steigen kann. Dass aber auch alle meine Freunde am Boden und damit zu Hause bleiben müssen, war damals noch nicht abzusehen. Kein Partywochenende. Keine feinen Abendessen. Kein Strand, kein Meer. Keine Cevapcici und keine Tapas. Ništa. Nada. Nichts. Wielange Flugreisen weiterhin nicht möglich sein werden, weiß momentan keiner so genau. Sicherlich noch ein paar Monate. Auch so eine Selbstverständlichkeit, die keine ist. Ein paar meiner besten und langjährigsten Freunde leben über Europa verteilt. Stefano in London. Andrea in der Toskana. Stephanie in Brüssel. Ich kenne sie mein halbes Leben und auch wenn wir uns nur alle paar Jahre sehen, fühlt es sich an, als würden wir genau dort andocken, wo wir das letzte Mal aufgehört haben.

Wie oft habe ich mir vorgenommen, nach England, Belgien oder Italien zu fliegen und sie zu besuchen? Auf ein langes Wochenende, da kostet der Flug ja nur 19 Euro. Das wird sich nach der Corona-Krise hoffentlich auch ändern. Und wie oft habe ich das wirklich gemacht? Nie. Immer ist irgendetwas dazwischengekommen. Meistens unwichtige Gründe, die im Moment so unglaublich wichtig erscheinen. Und im Endeffekt sitzt man dann am Wochenende doch wieder zu Hause und macht das, was man immer tut, oder man arbeitet.

Wenn mir meine Krankheit schon jetzt etwas beigebracht hat, dann ist es, die Zeit besser zu nützen. Denn so abgedroschen das klingt, man hat nicht unendlich viel davon, auch wenn ich bisher intuitiv davon ausgegangen bin. Jeder Tag, den ich in meiner Krebs-Corona-Quarantäne verbringe, macht mir das deutlicher. Und so freue ich mich heute wesentlich mehr als sonst, dass uns zwei gute Freundinnen besuchen kommen, um auf der Terrasse einen Kaffee zu trinken. Es gibt also heute auch für mich ein kleines Comeback des Alltags.

SAMSTAG, 2. MAI 2020

»Wohnst du noch oder wartest du schon?« Nach Super- und Baumärkten sind jetzt also offenbar die Möbelhäuser dran. Pünktlich um acht Uhr zur Wiedereröffnung nach rund sieben Wochen bilden sich vor allem vor den blau-gelben Ablegern aus dem hohen Norden kilometerlange Warteschlangen. Eine Boulevard-Zeitung kommt da gleich zu dem Schluss, dass uns »die Schweden die Corona-Bilanz versauen« – auch so werden Schlagzeilen gemacht. Keine Ahnung, was die Leute, die ich da auf den Videos und Bildern im Internet sehe, so dringend brauchen. Teelichter? Servietten? Ein neues Bett? Ich bin schon gespannt auf die Geburtenrate in neun Monaten. Vielleicht brauchen sie einfach nur ein bisschen Ablenkung von der wochenlangen Langeweile.

Neu im Sortiment sind jedenfalls nicht nur dort Schutzmasken und Desinfektionsmittel. Ob beim Eingang, bei den Rolltreppen oder in den einzelnen Shops – überall wird fast minütlich geputzt, gewischt und geschrubbt, um dem Corona-Virus keine Chance zu geben. Ob das mit derart vielen Lockerungen gelingt, daran zweifeln derzeit bereits viele. Meine Krebs-Corona-Quarantäne ist natürlich trotz des Endes der Ausgangsbeschränkungen noch nicht vorbei. Denn etwas mehr als fünf Wochen dauert meine Chemotherapie noch und mindestens so lange muss und soll ich samt meinem geschwächten Immunsystem noch zu Hause in Einzelhaft verbringen. Das ist keine leichte Challenge. Aber für einen

Hypochonder wie mich wäre so eine latente Ansteckungsgefahr im Kaufhaus eh nicht wirklich verlockend.

Es ist wirklich nicht so, dass ich bisher zur Fraktion »Ich-habe-immer-ein-Desinfektionsmittel-dabei« gehört habe oder mir täglich zehn Mal die Hände gewaschen habe, aus Furcht vor irgendeiner Ansteckung mit der Grippe oder einem anderen Virus. Das wird sich künftig dank Corona wohl ändern. Meine Ängste vor Krankheiten waren immer größerer Natur. *I think big.* Krebs, HIV, Hepatitis – das ist die Liga, in der sich meine Ängste bisher manifestiert haben, und zwar seit meiner frühesten Kindheit.

Ich erinnere mich an eine Geschichte, die muss mindestens dreißig Jahre her sein, noch bevor meine Eltern unser kleines Sommerhaus in Pitten gebaut haben. Damit wir Stadtkinder auch regelmäßig Landluft schnuppern, haben wir so gut wie jedes Wochenende einen Ausflug in die Natur gemacht. An einem warmen Frühlingstag irgendwann Ende der 1980er- oder Anfang der 1990er-Jahre beschließen wir, oder besser gesagt, meine Eltern, gemeinsam eine Burgruine in der Steiermark zu besichtigen. Dort angekommen begrüßt uns eine freundliche Dame im Burghof, erzählt ein bisschen etwas zur Geschichte der alten Mauern, um dann mit einer topaktuellen Information aufzuwarten: »Der Burgherr liegt leider im Krankenhaus. Er ist letzte Woche von einer Safari aus Afrika zurückgekommen und dürfte sich dort mit Ebola infiziert haben. Ihm geht es nicht sehr gut, aber die Ärzte tun, was sie können.« Ich erinnere mich daran, als wäre es gestern gewesen. Ich habe damals zwar nicht genau gewusst, was Ebola ist. Dass damit nicht zu spaßen ist, ist mir aber schnell klar gewesen. Während die Fremdenführerin uns und andere Besucher auffordert, mitzukommen, um den Rundgang durch die Ruine zu starten, bleibe ich einfach sitzen. »Komm, steh auf, wir gehen rein«, fordert mich meine Mutter auf. »Nein, ich habe so Kopfschmerzen. Ich bleibe draußen und warte auf euch«, antworte ich ihr kühl. Nach einer kurzen Diskussion setze ich meinen Kopf, der ja eigentlich nicht geschmerzt hat, durch und sitze zwei Stunden auf einer hölzernen Parkbank im Burghof, während sich meine Familie die jahrhundertealte Burg samt jeder Menge Devotionalien zeigen lässt.

Und warum habe ich darauf »verzichtet«? Weil ich tatsächlich Angst davor hatte, mich mit Ebola anzustecken. Wenn der Burgherr erst letzte Woche von seiner Reise zurückgekehrt ist, muss dieser Erreger ja noch irgendwo durch die Luft schwirren – und sich seinen Weg natürlich ausgerechnet in meinen kleinen Körper bahnen. Völlig verrückt, ich weiß. Aber diese Angst begleitet mich schon mein Leben lang. Meinen Eltern habe ich erst Jahre später erzählt, warum ich mir damals die Burgführung erspart habe und reichlich Kopfschütteln geerntet. Kein Wunder.

Der Hodgkin hat mich auch davon ein wenig befreit. Denn zum ersten Mal in meinem Leben ist es kein Hirngespinst, sondern eine reale Krankheit, gegen die ich gerade kämpfe. Das macht es irgendwie einfacher und fassbarer. »Sie sind wirklich ein toller Patient. Sie machen das großartig«, hat mir einer meiner behandelnden Ärzte letztens gesagt. Das hat gutgetan. Und tatsächlich bin ich über mich selbst überrascht. Denn es macht mir mittlerweile kaum noch etwas Angst. Die vielen Medikamente, die ich täglich schlucken muss? Die gehören dazu. Die vielen Untersuchungen, die ich bei jedem Spitalsbesuch über mich ergehen lasse? Mittlerweile Routine. Das Warten auf die Blutbefunde, ob wir mit der Chemotherapie überhaupt weiter machen können? Wird schon passen. Die wöchentlichen Spritzen, die ich mir zu Hause setzen muss, damit meine roten Blutkörperchen steigen? Ist doch nur ein kleiner Pieks! Es ist eine Art Gelassenheit in mir eingezogen, die ich in Bezug auf Krankheiten nie für möglich gehalten hätte. Aber ich wachse tatsächlich mit meinen Aufgaben, schienen sie am Anfang auch noch so unlösbar.

MONTAG, 4. MAI 2020

Gerade erst war Tag der Arbeit, heute ist quasi Tag der Arbeitslosen. Nach dem langen Wochenende hat das Arbeitsmarktservice heute verkündet, wie viele Menschen tatsächlich ihren Job wegen der Corona-Krise verloren haben. Es sind fast 600.000. Das bedeutet ein Plus von 58 Prozent im Vergleich zum April des Vorjahres und damit die höchste Zahl in der Geschichte der Zweiten Republik. Wahnsinn. Und obwohl ich meinen Job trotz Corona und Krankheit behalten kann, kann ich mit den vielen Menschen mitfühlen. Zumindest teilweise. Ich bekomme zwar nach wie vor regelmäßig mein Gehalt aufs Konto – mit der Krankenkasse habe ich das mittlerweile geklärt – aber zum ersten Mal in meinem Leben bin ich seit knapp drei Monaten ohne Arbeit. Kein Wecker, der läutet. Kein Feschmachen fürs Büro. Kein Mittagessen mit Kollegen. Keine Aufgabe. Kein geregelter Tagesablauf. All das fehlt mir, und zwar massiv.

Seit ich 15 Jahre alt bin, gehe ich regelmäßig arbeiten. Meinen allerersten Job habe ich im Lager eines großen Papierwarengeschäfts im 22. Bezirk in Wien verrichtet. Schon die Fahrt dorthin ist damals eine Weltreise gewesen. »Mama, ich fahr nach Transdanubien«, habe ich gesagt. Nach sechzig Minuten täglich in unterschiedlichen öffentlichen Verkehrsmitteln ist es für mich hinunter in eine dunkle, bunte Welt gegangen. In einem riesigen, mit Metallstäben abgesperrten Käfig unter der Erde, neben der Tiefgarage, wo hunderte von

Glückwunschkarten, Luftballons und Diddl-Mäusen lagerten – Kinder der 1990er werden sich erinnern – habe ich die Aufgabe gehabt, alles zu zählen, zu beschriften und zu schlichten. Ganz allein. Mehrere Wochen lang. Es ist wahrlich kein Traumjob gewesen, aber als mir der überaus nette Chef des Familienbetriebs am Ende des Monats 15.000 Schilling bar in die Hand gezählt hat, sind die Diddl-Maus-Albträume wie weggeblasen gewesen.

Schon im Sommer darauf mein nächster Job: Lohndiener. Das klingt besser als Kofferträger. Aber im Grunde ist es nichts anderes gewesen. In einem kleinen, noblen Innenstadthotel habe ich drei Monate das Gepäck unserer meist stinkreichen Gäste ins Zimmer gebracht oder von dort geholt, selbstverständlich mit einem goldenen Rollwagen, die fünf Sterne müssen sich ja lohnen. Dazwischen bin ich auch kurz an der Rezeption und am Frühstücksbuffet gewesen. Man glaubt nicht, welch spannende Gespräche man in den wenigen Minuten mit Menschen aus aller Welt führen kann, und die Englisch-Übung gibt es gratis dazu. Und so ist dieser Job, den ich damals im Rahmen eines Pflichtpraktikums an der HBLA gemacht habe, die auch liebevoll »Knödelakademie« genannt wird, alles andere als langweilig.

Beim Warten auf neue Gäste vor der verglasten, großen Tür des Hauses in der engen Innenstadtgasse sind mir regelmäßig laute italienische Worte um die Ohren geflogen. Denn genau vor unserem Eingang hat sich der Gastgarten der kleinen Osteria von nebenan befunden. Wie rote Pfitschipfeile sind die gutaussehenden *ragazze e ragazzi* mit ihren roten Schürzen täglich hunderte Male über die Gasse gezischt und haben ihren Gästen Prosecco, Prosciutto und Pasta serviert. Und das mit einer Lebensfreude, die mich beeindruckt hat. Trotz der unzähligen Kilometer, die sie täglich zurückgelegt haben, und trotz der nicht immer umgänglichen, aber gut betuchten Kundschaft, haben die jungen Italiener nie den Spaß an der Arbeit verloren.

Während ich also in meinem Lohndiener-Outfit auf den nächsten Koffer warte, beschließe ich: Da möchte ich auch dabei sein. Ich möchte ein Teil dieser lustigen italienischen Großfamilie werden. Optisch war ich schon damals von einem Italiener nicht ganz so weit entfernt. Und so ist es schließlich unsere Rezeptionslegende Fritz, ich hoffe, er lebt noch, der mich tags darauf in die schicke, aber urig eingerichtete Osteria begleitet, dem Chef dort vorstellt, mich empfiehlt und mir damit den Grundstein für eine der lustigsten und lehrreichsten Zeiten meines Lebens legt. Denn binnen kürzester Zeit bin ich in die *grande familia* hineingewachsen. Eigentlich habe ich vorgehabt, nur samstags dort zu jobben, doch schnell bin ich drei bis vier Mal nach der Schule im »A Tavola« oder der »Osteria Novelli«, wie sie später geheißen hat, im Einsatz und als Kellner dort unabkömmlich.

Vor mehreren Menschen reden, schwierige Situationen meistern, Rotwein auf weißem Kleid zum Beispiel, oder ganz einfach nur zuhören – lauter Dinge, die ich dort gelernt habe und die mir in meinem Job bis heute helfen. Ich habe dem kleinen Lokal, das es mittlerweile leider nicht mehr gibt, eigentlich auch meinen Sprung in den Journalismus zu verdanken. Denn einer unserer Stammgäste war der Manager eines großen Wiener Kabelnetzbetreibers. Er, seine Frau und sein mittlerweile vermutlich erwachsener Sohn sind jeden Samstag bei uns zu Gast gewesen. Immer am selben Tisch. Bedient immer vom selben Kellner, nämlich von mir.

Im Laufe der Jahre haben wir viel miteinander geplaudert und so hat das Ehepaar auch gewusst, dass demnächst meine Matura anstehen würde. »Was wollen Sie denn nachher eigentlich machen? Bleiben Sie in der Gastronomie?«, fragt mich der Stammgast geradeheraus. »Eigentlich nicht. Ich würde gerne irgendetwas mit Journalismus machen. Ich bin sehr neugierig und das würde mir Spaß machen«, antworte ich ehrlich darauf. Und tatsächlich ist die Nachrichten-Branche schon lange eine, in der ich mir vorstellen kann, langfristig zu arbeiten. Mein zweiter Berufswunsch ist es damals gewesen, Hoteldirektor zu werden. Mit dem, was danach kam, habe ich wirklich nicht gerechnet. Denn ganz trocken macht der mir ein Jobangebot: »Wenn Sie Lust auf ein Praktikum haben, da hätte ich vielleicht was für Sie. Wir haben einen neuen Internet-News-Kanal für Wien aufgebaut und suchen da Verstärkung. Falls Sie das interessiert.«

Am liebsten hätte ich den Prosecco, den ich meinen Gästen gerade serviert habe, für mich selbst geköpft und damit angestoßen. Ob ich Lust habe? Und wie! Und so bin ich im Sommer nach der Matura im ersten Büro meines Lebens gesessen und habe zum ersten Mal in meinem Leben als Journalist gearbeitet. Ich durfte schon nach wenigen Tagen auf Pressekonferenzen gehen, habe Interviews mit Prominenten geführt und Reiseberichte geschrieben. Mein erster Interviewpartner ist Joesi Prokopetz gewesen. Und schon nach ganz kurzer Zeit ist mir klar geworden: Das ist genau, was ich in meinem Leben machen will. Nicht vom Tellerwäscher zum Millionär, aber vom Kellner zum Reporter. Mein persönlicher Traum ist damit wahr geworden.

Die nötige Berufserfahrung und ein herzeigbares Arbeitszeugnis haben mir wohl schließlich auch die Türen zur Journalismus-Fachhochschule und zu meinem jetzigen Job im ORF, wo ich anfangs niemanden gekannt habe, geöffnet. Fast 16 Jahre arbeite ich nun schon für den großen, öffentlich-rechtlichen Rundfunk. Zuerst als Praktikant, später als Karenzvertretung, seit einigen Jahren habe ich meinen eigenen Posten als Moderator, Redakteur und Chef vom Dienst. Ich weiß meine Arbeit und all ihre Privilegien immer zu schätzen. Jetzt besonders. Sie gibt nicht nur Sinn und Struktur im Leben, sondern auch ein großes Stück Sicherheit. Sie gibt mir das Gefühl, gebraucht zu werden, auch ein Stück weit, gemocht zu werden. Denn wer so wie ich in der Öffentlichkeit steht, bekommt regelmäßig viel Anerkennung und Wertschätzung. Und das ist keine Selbstverständlichkeit.

Drei Monate bin ich dank des Hodgkins jetzt schon zum Nichtstun verdammt. Bis zu meiner vollständigen Genesung werden es wohl noch ein paar Wochen oder sogar Monate mehr sein. Um zumindest ein wenig das Gefühl von Arbeit zu haben – Homeoffice ist ja gerade unfreiwillig in Mode – klappe ich trotzdem jeden Tag in der Früh meinen Laptop auf, lese die wenigen Mails, die mich noch erreichen, schaue in die Sendelisten der unterschiedlichen ORF-Nachrichtenformate und habe so zumindest ein wenig das Gefühl, an meinem beruflichen Leben teilzuhaben. Auch ein beinahe tägliches Telefonat mit meinem lieben Kollegen und Freund Peter gehört dazu. Er erzählt mir den neuesten Klatsch und Tratsch aus der Redaktion, wir besprechen Zugänge zu Beiträgen und ich liefere neue Ideen für Geschichten, so gut ich das aus der Quarantäne kann. Und so zähle ich die Tage, bis ich endlich wieder zurückkehren kann an meinen Arbeitsplatz, der zum Glück nicht in der Arbeitslosenstatistik aufscheint.

DONNERSTAG, 7. MAI 2020

Es gibt kaum ein wienerisches Wort, das zum heutigen Tag besser passt als dieses: zach. Oder besser gesagt, zaaach. Es steht umgangssprachlich für »mühsam«, »schwerfällig« oder »langsam«. Und genauso fühlt sich der heutige Tag an. Mein Ober-Doc hat mich darauf vorbereitet, dass es im Endspurt noch einmal anstrengend wird, weil mein Körper, der ja bisher alles brav mitgemacht hat, von der kräftezehrenden Behandlung immer müder wird. Und wie immer hat der erfahrende Mediziner recht behalten. Mein Optimismus der letzten Tage ist offenbar auf Urlaub gefahren – die Frage ist nur, wohin? Wegen Corona hat ja noch alles zu. Meine Motivation muss sich auf ausgedehnter Mittagspause befinden – wohl mit einem Weckerl vom Supermarkt, auch die Lokale haben noch nicht geöffnet.

Es sind zwar »nur« noch etwas mehr als dreißig Tage bis zum Ende meiner Chemotherapie, die fühlen sich heute allerdings an wie eine Ewigkeit. Ich bin müde. Ich bin schlapp. Ich habe keine Lust mehr, weder auf den Krebs noch auf die Isolation, die jetzt schon wochenlang dauert. Jeder Tag gleicht dem anderen. Wochentage kann ich mittlerweile überhaupt nicht mehr voneinander unterscheiden, auch Wochenenden haben für mich an Bedeutung verloren. Noch dazu hat sich jetzt vor dem vorletzten Zyklus auch noch eine neue Nebenwirkung zu den anderen dazugesellt, das wäre wirklich nicht nötig gewesen. Seit heute spüre ich in meinen Fingerspitzen ein seltsames Kribbeln. Es fühlt sich an, als würden ganze Ameisenkolonien unter meinen Nägeln Samba tanzen. Und sie werden offenbar nicht müde davon. Ich hoffe, sie haben wenigstens Spaß dabei. Auch auf diese Nebenwirkung haben mich meine Ärzte ganz zu Beginn der Behandlung vorbereitet. Unangenehm ist sie trotzdem, genauso wie mein Mondgesicht samt Stiernacken. Das Cortison lässt mich immer mehr anschwellen und auch das setzt mir immer mehr zu. Ich will nicht mehr in den Spiegel schauen und schon gar nicht jemanden sehen, vor allem aber will ich nicht, dass mich jemand so sieht. Weder auf der Straße noch sonst wo. Ich fühle mich wie ein hellbraunes Michelin-Männchen – wegen dem ausgiebigen Sonnenbaden auf der Terrasse – kurz vorm Platzen.

»So schlimm ist es wirklich nicht«, »Bald schaust du wieder so aus wie du ausschaust«, »Innen bist du immer noch schön«, mit solchen und ähnlichen Sätzen versuchen mich meine Freunde und auch meine Mutter zu trösten. Eh, es ist ja wirklich recht oberflächlich. Aber wenn man sich schon nicht wohl fühlt in seinem Körper, weil dauert irgendwas zwickt und zwackt, und dann auch der Blick in den Spiegel schmerzt, ist es halt doppelt unangenehm. Und so versuche ich mir immer die Worte meines Arztes aufzusagen, die er bei der letzten Befundbesprechung zu mir gesagt hat: »Jetzt haben Sie es wirklich bald geschafft. Und Sie werden sehen, es wird sich auszahlen.«

Es wird sich auszahlen, es wird sich auszahlen, es wird sich auszahlen. Immer wieder sage ich es mir vor. Bald wird das alles hoffentlich so etwas wie ein böser Traum gewesen sein.

Etwas, auf das ich zurückschaue und sage: Es war wirklich anstrengend, aber ich habe es geschafft. So schlimm war's gar nicht. Und so male ich mir aus, wie ich mit Freunden irgendwo im Grünen sitze, bei einem guten Glas Wein und feinem Essen. Wir lachen. Wir scherzen. Wir verbringen unbeschwerte Stunden. Es wird sich auszahlen. Bald. So, genug gejammert, aber was raus muss, muss raus. Wie sehr sich das Leben um mich herum mittlerweile normalisiert hat – die Corona-Infektionszahlen sind weiterhin sehr gering – höre ich heute übrigens ausgerechnet im Radio. Im Verkehrsfunk wird zum ersten Mal seit Wochen ein kilometerlanger Stau auf den Stadtautobahnen vermeldet. Für alle, die dort drin stecken, ist das auch zach.

SONNTAG, 10. MAI 2020

Hätten die Schlagzeilen auf den Sonntagszeitungen für einen Tag nicht Corona verdrängt, es wäre völlig an mir vorbeigegangen: Heute ist Muttertag. Bis auf die paar Jahre während meiner Volksschulzeit, in denen ich meine Mutter mit jeder Menge wenig schönem Selbstgebasteltem überrascht habe – ob die Freude meiner Mutter darüber gespielt war oder nicht, weiß ich bis heute nicht – ist dieser Tag bei uns nie gefeiert worden. Meine Mutter hat stets betont, wie sehr sie dieses Huldigen auf Befehl hasst. Ich hoffe zumindest, sie meint es tatsächlich so und erwartet sich nicht insgeheim einen Blumenstrauß oder ein schönes Essen. In ein Restaurant zu gehen wäre heuer ohnehin nicht möglich, denn die Lokale dürfen erst nächste Woche wieder aufsperren. Viele Söhne und Töchter werden der Regierung wohl auf ewig dankbar sein. Und so bleibt es bei vielen heute bei einem Ausflug ohne Einkehr. Für mich ist sowieso fast jeder Tag ein Muttertag. Es vergeht kaum einer, an dem ich nicht zumindest fünf Minuten mit meiner fast siebzigjährigen Mum telefoniere. In Nicht-Corona-Zeiten gibt es außerdem fast jeden Sonntag ein ausgedehntes Familienessen mit meinen Brüdern.

Vor wenigen Tagen haben meine Mutter und ich ganz unverhofft einen Muttertag der etwas anderen Art verbracht. Vor mittlerweile zwölf Jahren ist meine geliebte Großmutter gestorben, noch nie in meinen Leben bin ich so traurig gewesen. Seitdem lagern in einer Bettzeug-Lade bei meinen Eltern jede Menge Briefe, Dokumente und Fotos aus dem Nachlass meiner »Mümi«, wie wir meine Oma stets genannt haben. Sie war Jahrgang 1920, Einzelkind einer halbjüdischen Wiener Künstlerfamilie und später Sekretärin und Mutter zweier Töchter. Keiner hat es bisher übers Herz gebracht, sich durch die persönlichen Dinge zu wühlen. Bis jetzt. Weil Corona und Krebs meiner Mutter und mir mehr Freizeit verschafft haben als uns lieb ist, haben wir beschlossen, die Reise in die Vergangenheit anzutreten. Mit einem riesigen Sack voller alter Mappen, Kuverts und Schachteln und einer frisch gebackenen Erdbeertorte ist meine Mutter also angerückt und dann ist es auch schon losgegangen. Von alten Lizenzverträgen meines Urgroßvaters, Komponist und Kapellmeister, über schwarz-weiße Autogrammkarten meiner Urgroßmutter – sie war Schauspielerin und Sängerin und damals so etwas wie die Dagmar Koller von Baden – bis hin zu alten Sparbüchern und Postkarten schmökern wir durch die Erinnerungen längst vergangener Tage.

An einer dünnen, hellgrünen Mappe bleiben wir besonders lange hängen. Darin liegen mehrere mit Schreibmaschine getippte Briefe meiner Großmutter an meinen Großvater, eigentlich an meinen Stiefgroßvater, meinen echten habe ich nie kennengelernt. Im Betreff steht jeweils »Memorandum Familiensituation« geschrieben, darunter seitenweise Bittgesuche meiner damals etwa vierzigjährigen Großmutter an ihren Ehemann. Darin fleht sie ihn förmlich an, doch etwas netter zu ihrer Tochter, meiner Mutter, zu sein.

Sehr liebevoll dürfte mein Stiefopa nicht gewesen sein. Ich habe zwar erlebt, dass mein Großvater kein großer Sympathieträger war, einmal hat er meinen kleinen Bruder und mich absichtlich an einem Sonntag früh aufgeweckt, weil wir am Abend davor seiner Meinung nach zu laut ferngesehen haben. Und auch, dass sein Verhältnis zu seiner Stieftochter nicht immer friktionsfrei verlaufen ist, ist mir klar gewesen. Die Dimension war mir aber neu.

»Verstehst du jetzt, warum ich die Matura nicht gemacht habe und stattdessen mit 17 Jahren nach England zu deinem Vater gegangen bin?«, fragt mich meine Mutter, als ich ihr die Zeilen laut vorlese. Sie hat ihn im Sommer davor während einer Sprachreise kennengelernt. Ja, verstehe ich. Sehr gut sogar. »Nie wäre es mir in den Sinn gekommen, einen Mann über eines meiner Kinder zu stellen. Der hätte sich brausen können«, sagt meine Mutter und ich höre etwas Traurigkeit in ihrer Stimme, dass das bei ihrer eigenen Mutter offenbar nicht so gewesen ist. Ihr Verhältnis zu meiner Großmutter war später dennoch ein sehr gutes. Und tatsächlich hat unsere Mutter stets wie eine Löwin für meine beiden Brüder und mich, den mittleren Bruder, gekämpft, gegen jeden, der uns etwas Böses will. Sie ist die aufopferndste Frau, die ich kenne. Auch wenn sie für Fremde manchmal etwas forsch und vielleicht sogar abgehoben wirkt, sie hat den weichsten Kern, den man sich vorstellen kann und würde nicht nur sprichwörtlich ihr letztes Hemd für uns geben. Ihr einziges Manko ist ihr ausgeprägter Füttertrieb, kein Besuch ohne Mehlspeise. Den versuche ich ihr seit Jahren auszutreiben, leider vergeblich. Mami, ich hab dich lieb. Nicht nur am Muttertag.

MITTWOCH, 13. MAI 2020

Negativer Corona-Test: Check. Blutbild samt genügend weißer Blutkörperchen: Check. Fiebermessen: Check. Es kann also losgehen mit Chemo-Runde Nummer fünf. Wahnsinn, das ist schon die vorletzte! Während ich mich in den vergangenen Wochen während meiner Krankenhausaufenthalte kaum aus meinem Zimmer herausbewegt habe und so gut wie mit niemandem, bis auf meinen Doc und meine Freunde am Telefon, reden wollte, hätte ich diesmal das Bedürfnis danach. Besuch ist im Spital ja wegen des Coronavirus nach wie vor verboten. Ich habe ein Bedürfnis nach Gleichgesinnten. Nach jungen Leute, die gerade das Gleiche durchmachen wie ich. Wie geht es ihnen? Wie gehen sie mit der ganzen Situation um? Was hilft ihnen und wie hanteln sie sich durch die schwere Zeit?

Auf dem spärlich eingerichteten Gang »meiner« onkologischen Station sehe ich ausschließlich Patientinnen und Patienten, die weit über sechzig Jahre alt sind. Nicht, dass man mit ihnen nicht auch interessante und spannende Gespräche führen könnte, aber ich habe das Gefühl, dass ich mich mit einem gleichaltrigen Leidensgenossen besser austauschen könnte. Mich besser verstanden fühlen würde. »Wir behandeln ganz viele Leute in Ihrem Alter und auch jünger, aber die sind immer da, wenn Sie nicht da sind«, versichert mir mein Ober-Doc. Auch den jungen Mann, der vor ein paar Wochen mit Leukämie eingeliefert wurde, habe ich noch nie selbst zu Gesicht bekommen. Tja. Pech gehabt.

Einzig in meinem Nachbarzimmer liegt diesmal eine junge Frau, die etwas älter ist als ich. Soweit ich das durch die Arzt-Visiten mitbekommen habe, die Wände hier sind sehr dünn, dürfte sie einen Darm-Tumor haben und zwar schon zum zweiten Mal in ihrem jungen Leben. Ich treffe sie heute kurz am Gang, lächle ihr zu und signalisiere ihr, dass ich gerne mit ihr plaudern würde. Doch Fehlanzeige. Sie hat keine Lust. Genauso wenig wie ich bei meinen letzten Malen hier. Ich kann es ihr nicht verübeln. So bleiben die einzigen jungen Leute, mit denen ich mich gerne unterhalten kann, die Schwestern und Pfleger. Wie jung sie sind, hat mich tatsächlich überrascht. Jahrgang 1997 ist die Jüngste. In diesem Jahr ist Lady Diana gestorben und ich weiß noch genau, wo ich war, unglaublich. Viele der anderen sind nicht viel älter. Meine Lieblingsschwester, die mich vom ersten Tag an liebevoll betreut, ist knapp über vierzig, also eher in meinem Alter, und eine sehr angenehme Gesprächspartnerin.

Kurz vor der Abendinfusion um 21 Uhr kommen wir in Ruhe zum Reden und sie erzählt mir von ihrer Arbeit hier auf der Krebsstation. »Ich bin erst seit zwei Jahren hier im Einsatz. Aber ich weiß jetzt schon, dass ich auf der Onko in Pension gehen werde«, erzählt sie mir. Warum man sich das antut, freiwillig so viel Leid hautnah mitzubekommen, will ich gerne von ihr wissen. Für mich als Hypochonder wäre ein Job hier unvorstellbar, ich würde mir innerhalb von einem Jahr vermutlich alle Krebsarten dieser Welt einbilden. »Du hast auf keiner anderen Station im Spital so eine Bandbreite von Patienten. Jeder Tag ist anders und es wird nie langweilig. Außerdem baut man nirgendwo so eine enge Bindung zu seinen Patienten auf wie hier. Und ich bin wirklich beeindruckt von den Menschen, die wir behandeln. Die meisten von ihnen haben durch ihre Krankheit einen Blick aufs Leben, von dem man sich was abschauen kann«, erklärt mir die diplomierte Krankenschwester mit kurzen blonden Haaren und einer Brille, die während dem Reden immer wieder beschlägt – auch sie trägt wegen Corona natürlich die ganze Zeit einen Mund-Nasen-Schutz.

Dann berichtet sie mir von den Schattenseiten ihres Berufs. »Am härtesten ist es natürlich, wenn Leute hier im Krankenhaus versterben. Am Anfang habe ich mir das sehr zu Herzen genommen und mitgefühlt und mitgelitten. Mittlerweile ist es für mich ein Privileg, Menschen auf ihrem letzten Weg zu begleiten«, sagt die gebürtige Steirerin. Starke Worte. »Ich habe das am Anfang nicht geglaubt, aber die Patienten hier wissen, wann es vorbei ist. Hier war einmal eine Dame, die habe ich monatelang betreut. Als ich einmal aus dem Tagdienst nach Hause gegangen bin, hat sie mich gefragt, wann ich wiederkomme. Daraufhin habe ich ihr geantwortet, dass ich jetzt zwei Tage frei habe und wir uns dann wiedersehen. Ihre Antwort darauf war: Nein, das glaube ich nicht. Ich war im ersten Moment ganz verblüfft und hab gefragt, was sie meint. Darauf hat sie gesagt, das würde sie nicht mehr erleben«, schildert mir die Krankenschwester, während sie an meiner Zimmertür lehnt. Und die alte Frau sollte recht behalten. »Am nächsten Tag hat mich eine Kollegin angerufen und gesagt, wenn ich die Dame noch einmal sehen will, müsse ich jetzt vorbeikommen. Sie würde sich wünschen, dass ich bei ihr bin. Da bin ich natürlich sofort ins Spital gefahren. Und tatsächlich, kurz nachdem ich da war, hat sie zu mir gesagt: Bitte nehmen Sie meine Hand und erzählen Sie mir was. Nach zehn Minuten ist sie friedlich eingeschlafen und war tot«, sagt sie.

Hut (oder besser gesagt Kapperl) ab vor dem, was das Pflegepersonal hier leistet und das für vergleichsweise wenig Geld. Ich bin gespannt, ob sich das nach Corona tatsächlich ändert. Um mich nicht mit dieser Geschichte in meinen schlechten Schlaf zu entlassen, setzt die Krankenschwester dann aber noch nach: »Es gibt aber natürlich viel mehr Erfolgsgeschichten als solche. Die meisten Patienten können wir mittlerweile sehr gut behandeln oder sogar heilen. Und das schönste Gefühl ist, wenn sie uns dann nach ein paar Monaten gesund besuchen kommen. Dann weiß ich, warum ich das mache. Denn wenn alle hier sterben würden, würde das keiner aushalten.«

Corona hat übrigens auch ihr Leben auf den Kopf gestellt. »Eigentlich sollte ich gerade auf Hochzeitsreise in der Karibik sein. Aber es ist natürlich alles storniert worden«, berichtet die zweifache Mutter. Auch ihre Hochzeit musste wie so viele dieser Tage abgeblasen werden. Dafür könnte sie jetzt mit ihrem Liebsten auf ein Gratis-Schnitzel gehen. Die Stadt hat heute verkündet, jedem Wiener Haushalt einen Gastro-Gutschein von bis zu fünfzig Euro zu schenken. Damit sollen die krisengeschüttelten Restaurants und Lokale nach der mehrwöchigen Corona-Pause ab Freitag unterstützt werden. Im Fall der Leider-Nein-Braut ist das wohl nur ein schwacher Trost.

FREITAG, 15. MAI 2020

Die längste Sperrstunde der Geschichte ist also Geschichte: Seit heute um sechs Uhr in der Früh dürfen Restaurants und Lokale wieder ihre Gäste bewirten. Und wie es scheint können es viele gar nicht mehr erwarten, ihr zu Hause gegen ein Wirtshaus zu tauschen. Auch wenn es dort nicht ganz so gemütlich zugeht wie vor Corona. Die Gastronomen müssen nämlich auf Anordnung der Regierung »Sesselrücken« spielen und Platz schaffen. Denn zwischen den einzelnen Tischen muss mindestens ein Meter Abstand herrschen, vier Personen dürfen maximal an einem Tisch sitzen. Wie ich in einem TV-Bericht gesehen habe, wird diese Regel von manchen Gästegruppen gleich für extra Damen- und Herrentische genutzt – vor allem die Frauenrunde ist Corona merklich nicht ganz undankbar für die gewonnene Tischfreiheit.

Meine persönlichen (Ein-)Sperrstunden sind leider auch mit dem heutigen Tag noch nicht vorbei. Nach Runde fünf der Chemo ist mein Immunsystem wieder im Keller, leider nicht im Weinkeller, und somit gibt es für mich Pizza, Pasta, Schnitzel, Kuchen und Kaffee weiterhin nur in den eigenen vier Wänden und nicht in einem der vielen guten Lokale in der Stadt. Es ist unglaublich, wie viel Geld ich mir dadurch in den vergangenen Wochen gespart habe. Zuhause habe ich aber ohnehin den besten Koch der Welt. Alexander ist zwar Jurist, könnte als Zweitkarriere aber durchaus ein gehobenes Wiener Gasthaus aufmachen. Sein Schweinsbraten: ein

Traum. Sein Erdäpfelgulasch: unvergleichlich. Seine Grießnockerlsuppe: besser als irgendwo sonst. Diese Liste ließe sich fast endlos fortsetzen. Vor allem Hausmannskost ist seine Spezialität, die er uns wöchentlich auftischt, dazwischen gibt's natürlich auch Gesundes mit Gemüse und Fisch.

Obwohl ich vier Jahre lang quasi als Koch ausgebildet worden bin, in der »Knödelakademie«, hat diese Rolle bei uns zu Hause in den vergangenen Jahren Alex übernommen. Wobei mir meine unfreiwillig gewonnene Zeit zu Hause die Möglichkeit gegeben hat, meine eingerosteten Kochkünste wieder aufzufrischen. Zumindest versuchsweise. Begonnen habe ich mein kulinarisches Wiedereinstiegsprogramm mit Brot. Weil ich nicht der Einzige bin, der in der Corona-Krise auf diese getreidereiche Idee gekommen ist – warum genau, das weiß ich eigentlich auch nicht – ist der Germ im Supermarkt leider ausverkauft. Aber Alex sorgt bei seinem Einkauf für Ersatz. Es gibt eine Dinkelbrot-Fertigmischung im Ein-Kilo-Sack. Na gut. Man soll sich die Hürden am Beginn ohnehin nicht zu hoch legen. Die Anleitung ist denkbar einfach. Drei Viertelliter Wasser mit dem Packungsinhalt gut verrühren, eine Stunde rasten lassen, Laibe formen, wieder rasten lassen, ins Backrohr, fertig. Das Ergebnis: nicht wirklich umwerfend, aber essbar.

Ich bin also bereit für Backlevel Nummer zwei: Kuchen. Weil Hunger bekanntlich der beste Koch ist, mache ich das, wonach ich gerade Appetit habe: einen Marmorgugelhupf. Ich liebe Marmorgugelhupf. Zumindest den meiner Mutter und den aus guten Konditoreien. Im Internet suche ich nach einem einfachen Rezept und lege los. Butter, Eier, Zucker,

Backpulver – ganz genau halte ich mich an die Anleitung und backe drauf los. Optisch ist mein Quarantäne-Backwerk ganz ansehnlich. Doch auch wenn das Auge mitisst, schmecken tut man leider immer noch mit der Zunge und die hat jede Menge zu tun, den trockenen Teig im Mund aufzuweichen und essbereit zu machen. Mein Gugelhupf hat eine brotartige Konsistenz, vielleicht war ich schon zu sehr aufs Brotbacken eingestellt, und schmeckt weder mir, Alex, noch unseren lieben Nachbarn Barbara und Andi, die trotz der Warnungen ein Stück wollten, nachdem ich mir ihre Gugelhupf-Form ausgeborgt habe. Na ja. Es muss ja nicht jeder Zuckerbäcker sein. Hauptspeisen liegen mir sicher besser, denke ich mir.

Während der Schulzeit haben wir uns im Kochunterricht vor allem auf ausgefallene, ziemlich gehobene Gerichte konzentriert, da gab es zum Beispiel Austernpilz-Kuchen, eine seltsame Speise, die ich nicht gerne noch einmal nachkochen möchte, während einfache Hausmannskost eher eine kulinarische Nebenrolle gespielt hat. Ich nehme also unser neugekauftes, goldenes Kochbuch der vegetarischen Küche – mein Neujahrsvorsatz vor Corona und Krebs war es heuer, weniger Fleisch zu essen – und lasse mich inspirieren. Nach wenigen Minuten habe ich die passende Speise gefunden, wie ich finde: Lauchgratin mit Kartoffeln, Ziegenfrischkäse und rotem Spitzpaprika. Klingt sättigend, nicht zu kompliziert und trotzdem irgendwie nicht zu gewöhnlich. Ich schicke Alex per WhatsApp eine Einkaufsliste, ich darf ja noch immer nicht in den Supermarkt, und lese mir die Anleitung genau durch. »Preiswert und schnell im Ofen« steht unter den Mengenangaben geschrieben. Zubereitungszeit: zwanzig Minuten. Das sollte ich hinkriegen.

Nachdem die Einkäufe da sind, lege ich auch schon los. Zuerst eine große, feuerfeste Form buttern und den Backofen auf 180 Grad vorheizen. Erledigt. Danach schäle ich die Kartoffeln, hoble sie in dünne Scheiben und verteile sie in der Form. Gar nicht so schwer. Den Lauch putze ich wie im Kochbuch beschrieben, schneide ihn in Ringe und schichte die hellgrünen Kringel über den Rest. Schaut bisher ganz gut aus. Weiter geht's. Ich leere Schlagobers und Milch in einen Topf, erhitze das Ganze, presse eine Knoblauchzehe hinein und würze mit Salz und Cayennepfeffer. Die hellrote, gut riechende Flüssigkeit gieße ich schließlich auf meine Kartoffel-Lauch-Mischung. Bevor ich mein Werk, das wirklich gut aussieht, in den Ofen schiebe, verteile ich noch Ziegenfrischkäse in kleinen Tupfen obendrauf und belege die dann noch mit dem kleingehackten Spitzpaprika. Der Ofen ist heiß und so schiebe ich mein Lauchgratin voller Vorfreude ins Rohr und warte die vorgeschriebene Backzeit von 35 bis vierzig Minuten ab. Schon nach zwanzig Minuten duftet es herrlich in der Küche. Der Geruch des geschmolzenen Ziegenfrischkäses und der Cayennepfeffer-Schlagobers-Mischung erfüllt den ganzen Raum. Voller Vorfreude decke ich den Tisch und kann es kaum erwarten, Alex mit meiner neuen Kreation zu verwöhnen. Nach vierzig Minuten sieht das, was in unserem Rohr schmort, dem Bild vor mir im Kochbuch ziemlich ähnlich. Perfekt. Geschafft. Schon beim Anschneiden läuft mir das Wasser im Mund zusammen. Da ist mir wirklich etwas gelungen. Ein neues Rezept, das ich jetzt öfter kochen werde.

Mit strahlendem Gesicht serviere ich je eine dampfende Portion zum Tisch und wünsche uns einen guten Appetit.

Während ich mir noch etwas zu trinken hole, merke ich, wie Alexander sein Gesicht beim Kauen immer mehr verzieht. »Was ist denn los, noch zu heiß?«, frage ich ihn. »Na ja. Ich glaub, die Erdäpfel sind noch nicht ganz durch«, antwortet er mir. Das gibt's doch nicht. Ich habe doch alles so gemacht, wie es im Rezept steht. Doch tatsächlich. Nicht ganz durch ist eine latente Untertreibung. Die extradünnen Erdäpfelscheiben sind so hart wie ein roher Apfel. Na toll. Aber es nutzt nichts. Ich kippe die beiden Gratin-Ziegel von unseren Tellern wieder zurück in die feuerfeste Form, schalte den Ofen sicherheitshalber einen Gang höher und schiebe das Gericht zurück in die Hitze. Nach zwanzig Minuten hat sich an der Oberfläche wieder eine schöne, knusprige Schicht gebildet. Herrlich. Nach kleinen Anlaufschwierigkeiten können wir das Abendessen jetzt genießen. Wieder teile ich zwei Portionen aus, wieder setze ich mich mit Vorfreude zu Tisch, wieder sind diese verdammten Kartoffeln nicht durch. Ich schaue zur Sicherheit noch einmal im Kochbuch nach, ob ich irgendetwas übersehen habe. Aber nein. Kochzeit, Temperatur, alles habe ich gemacht wie es geschrieben steht. Ich habe gute Lust, diese Kartoffel-Pampe, mittlerweile sind die einzelnen Zutaten kaum noch zu erkennen, samt der feuerfesten Form in den Mistkübel zu werfen. Aber wir haben Hunger. Also runter vom Teller und rein in den Ofen. Dieses Spiel spielen wir an diesem Abend noch vier Mal. Zum Schluss koste ich schon direkt aus dem Ofen, weil ich mir das Austeilen auf die Teller ersparen will. Nach zweieinhalb

Stunden, der dreifachen Backzeit, ist es dann endlich so weit und mein erstes, warmes Quarantäne-Gericht ist zumindest genießbar. »Machst du das eigentlich absichtlich, damit du nicht kochen musst?«, fragt mich Alex nicht ohne ironischen Unterton. Ich würde ihm gern ehrlich mit »Ja« darauf antworten, aber ich habe mich wirklich bemüht. Das Kochbuch ist schuld. Ganz bestimmt.

PS: Mittlerweile gibt es doch Gerichte, die mir ganz gut gelingen. Etwa Spargelrisotto in allerlei Variationen. Übung macht halt auch in der Küche den Meister. Die Frage ist, ob ich nach meiner Corona-Krebs-Zwangspause genügend Zeit haben werde, um wirklich einer zu werden.

MONTAG, 18. MAI 2020

An manchen Tagen fehlen mir vor lauter Traurigkeit einfach die Worte. Heute ist so einer, obwohl es beim Schreiben ein wenig leichter wird.

Um 14 Uhr hat ihr Herz aufgehört zu schlagen. Sie ist gestorben. Letztlich an Nierenversagen. Ganz allein. In ihrem Einzelzimmer im Krankenhaus. Doris, eine der langjährigsten Freundinnen unserer Familie, ist plötzlich nicht mehr. Meine beiden ständigen Begleiter der vergangenen Monate, Krebs und Corona, zeigen heute ihre hässlichste Fratze. Die eine Krankheit, bei Doris war es der Lungenkrebs, der sich zuletzt auch auf die Leber ausgebreitet hat, reißt einen lebenslustigen und stets positiv denkenden Menschen mit Mitte siebzig aus dem Leben. Die andere macht einen würdevollen Abschied für die Betroffene und ihre Liebsten unmöglich. Ich konnte Doris schon seit Monaten nicht mehr sehen, weil wir beide Hochrisikopatienten gewesen sind. Aber wir haben zumindest wöchentlich einmal telefoniert, uns ausgetauscht, Trost zugesprochen und über bessere Zeiten geplaudert. Trotz ihrer Diagnose hat die toughe Steuerberaterin in unseren Telefonaten stets viel Optimismus versprüht und war sich sicher – zumindest hatte ich das Gefühl – dass dies noch nicht ihre Endstation ist und sie bald ihr drittes Enkelkind in den Armen halten kann. Denn ihr einziges Kind, ihre Tochter Stephanie, ist hochschwanger.

Stephi ist jener Mensch in meinem Alter, den ich am längsten kenne. Es gibt Fotos von uns, in denen wir nebeneinander im Kinderwagen sitzen, gemeinsam auf einem Ferienlager in Salzburg beim Sackhüpfen gegeneinander antreten, bei Hochzeiten von Freunden unserer Eltern sitzen, damals hatte sie blaue Haare, und als Erwachsene herausgeputzt ihre und meine Sponsion feiern. Seit einigen Jahren lebt die blonde, sportliche Frau in Brüssel, hat einen lieben Mann und zwei entzückende Kinder. Alles perfekt, könnte man meinen. Doch vor nicht einmal zwei Jahren hat sie ihren Vater verloren, der beim Radfahren einen Herzinfarkt erlitten hat und nach wenigen Tagen auf der Intensivstation gestorben ist. Ein harter Schlag, den sie gerade einmal verdaut hat. Und jetzt auch noch ihre Mutter. Durch die coronabedingten Reiseverbote, die seit mehreren Wochen gelten und wegen denen die meisten Grenzen immer noch dicht sind, war sie gezwungen, den langen und leider absehbaren Abschied von ihrer Mama hunderte Kilometer entfernt zu vollziehen, per Handy. Keine Berührung, kein Kuss auf die Wange, kein vertrauter Geruch der eigenen Mutter. All das, was so eine schmerzvolle Situation ein wenig erträglicher macht, ist Stephanie wegen Corona verwehrt geblieben. Wenige Stunden vor ihrem Tod haben Mutter und Tochter das letzte Mal telefoniert. Die letzte Möglichkeit, alles zu sagen, was man einem geliebten Menschen noch sagen will. Dann ist die irdische Verbindung gekappt worden, für immer.

Kurz nach der Todesnachricht melde ich mich natürlich sofort bei meiner langjährigen Freundin in Belgien. Sie ist in Tränen aufgelöst und fühlt sich hilflos. »Ich bin so weit weg und konnte nichts tun. Das ist wirklich schrecklich. Außerdem habe ich mir so gewünscht, dass ich ihr noch die Nachricht einer gesunden Enkeltochter überbringen kann. Das wäre noch so ein Meilenstein in ihrem Leben gewesen. Ich bin so traurig, dass sie das nicht mehr erleben darf«, sagt Stephi mit zittriger Stimme am anderen Ende der Leitung. Denn in genau einer Woche ist der Geburtstermin ihres dritten Kindes. Ein kleines Mädchen, auf das sich Doris schon sehr gefreut hat. »Wenn die Grenzen wieder offen sind, werde ich mit dem Zug gleich nach Brüssel fahren, um das neue Familienmitglied zu besuchen«, hat sie mir stolz in unserem letzten Gespräch verkündet, das wir vor knapp einer Woche hatten. Jetzt wird sie ihre kleine Enkelin nie kennenlernen.

Stattdessen muss sich die hochschwangere Politologin nicht nur auf die bevorstehende Geburt, sondern auch auf ein Begräbnis vorbereiten. Schon wieder. Arme Stephi. Ich würde sie jetzt gerne drücken und fest umarmen. Auch ich fühle mich etwas hilf- und machtlos, weil ich ihr in meiner Situation nicht mehr helfen kann. Gut zureden, ein offenes Ohr anbieten und sagen, dass wir, meine Familie und ich, immer für sie da sein werden. Trotz ihrer eigenen Sorgen, von denen derzeit wohl kaum jemand mehr hat, will Stephi in unserem Gespräch auch unbedingt wissen, wie es mir und meinem Genesungsprozess geht. »Es läuft alles nach Plan. Die Ärzte sind zufrieden«, antworte ich ihr wahrheitsgemäß. In diesem Moment verliert mein eigenes Schicksal für mich allerdings wieder einmal völlig an Bedeutung. Es wirkt geradezu nichtig, gegenüber dem, was meine Freundin gerade durchmachen muss. Aber es kommt eine Zeit nach Corona und Krebs.

»Und da werden wir wieder gemeinsam lachen, Stephi. Wirst sehen«, sichere ich ihr zu. Und dabei auf Doris anstoßen. Wo auch immer sie jetzt ist.

MONTAG, 25. MAI 2020

Es ist, als würde irgendjemand gerade die Rückspultaste drücken. Und alle schauen auf einem riesigen Bildschirm live dabei zu, wie der Dystopie-Film wieder auf Anfang fährt. Während unser aller Leben wegen des Coronavirus in den vergangenen Wochen und Monaten immer mehr und mehr eingeschränkt worden ist, verkündet die Politik jetzt fast täglich eine Lockerung des Lockdowns und die Zahl der Pressekonferenzen hat mittlerweile einen Rekordwert erreicht. Für die gesperrten Theater heißt es bald wieder Vorhang auf. Schwimmbäder laden wieder zum Planschen. Im Fitnesscenter darf mit Abstand wieder geschwitzt werden. Und sogar Urlaub auf den Stränden Spaniens soll wieder möglich sein. *Olé*. Auch in meinem persönlichen Umfeld merke ich, dass die Angst vor dem unsichtbaren Virus immer geringer wird. Meine Mutter geht wieder selbst in den Supermarkt, Alex arbeitet wieder von seinem Innenstadtbüro aus und die Kinder meiner Freundinnen und Freunde besuchen wieder Schule und Kindergarten. Alles wieder normal, könnte man meinen.

Doch auch wenn die Infektionszahlen in Österreich vergleichsweise niedrig sind: Gegen das Coronavirus gibt es nach wie vor weder eine Impfung noch ein Medikament, auch wenn fieberhaft an beidem geforscht wird. Virologen warnen deshalb fast täglich vor zu viel Unachtsamkeit und einer möglichen »zweiten Welle«, die uns spätestens im Herbst bevorstehen könnte und mahnen das Tragen von Schutzmasken und Einhalten des Sicherheitsabstandes ein. Vor allem für Hochrisikopatienten ist die Gefahr noch lange nicht gebannt. Und so einer bin ich nach wie vor. Das habe ich jetzt schwarz auf weiß. Denn vor kurzem hat die Bundesregierung eine Art Katalog herausgegeben, wer diesem exklusiven Kreis angehört. Auf eine Mitgliedschaft in diesem Corona-VIP-Circle hätte ich gerne verzichtet.

Neben Menschen mit fortgeschrittenen chronischen Lungen-, Nieren- oder Herzkrankheiten, Diabetes oder massivem Übergewicht gehören laut offizieller Verordnung auch Personen mit »aktiven Krebserkrankungen mit einer jeweils innerhalb der letzten sechs Monate erfolgten onkologischen Pharmakotherapie« – also einer Chemotherapie – zur COVID-19-Risikogruppe. 90.000 Betroffene sind es laut Schätzungen in ganz Österreich. Ich bin also nicht allein. Könnte ich jetzt schon arbeiten gehen, würde ich von meiner Hausärztin ein Attest für eine Freistellung bekommen oder die Berechtigung zum Homeoffice. Ich bin aber ohnehin nach wie vor im Krankenstand und zähle täglich den Countdown, bis die letzte Chemotherapie vorbei ist. 15 Tage sind es heute noch. Gleich nach dem Aufstehen kreuze ich den Tag im Kalender an, den mir meine beste Freundin Eva am Beginn der Therapie geschenkt hat, und freue mich, dass es wieder ein Tag weniger ist.

Auch wenn die Hodgkin-Geschichte dann noch nicht vorbei ist – endgültig weiß ich das erst nach einer neuerlichen Computer-Tomographie sechs Wochen nach der letzten Infusion – zumindest die kräftezehrende Chemotherapie hat ein Ende. Und zwar in jedem Fall. Denn sollte von den bösen Zellen tatsächlich noch etwas da sein, wird »nur noch« bestrahlt, hat mir mein Ober-Doc versichert. Klingt im Vergleich zu dem bisher Erlebten fast nach Wellness-Programm. Soweit will ich aber noch gar nicht vorausdenken. Jetzt heißt's einmal noch die kommenden zwei Wochen runterzubiegen und mich darauf zu freuen, dass ich danach auch auf meine persönliche Rückspultaste drücken kann. Denn auch wenn ich laut meinem Arzt noch für ein halbes Jahr Risikopatient bin, Schritt für Schritt möchte ich dann auch zurück zu meinem alten Leben. Die Haare sollten recht rasch wieder wachsen, das Kortison aus meinem Gesicht verschwinden und damit sollte das Gefühl, draußen unterwegs zu sein, wieder ein angenehmes und kein belastendes mehr sein. Und die Chemotherapie kann sich, sollte ich mir doch einen Schnupfen einfangen, auch nicht mehr verschieben. Denn die ist dann vorbei, hoffentlich für immer.

PS: Meine Krebs-Telefon-Freundin Dani hat sich heute wieder bei mir gemeldet. Sie hatte sechs Wochen nach ihrer letzten Chemotherapie heute ihre Computer-Tomographie-Untersuchung. »Es ist alles weg. Ich kann es gar nicht glauben«, schreibt sie mir per WhatsApp. Ich habe so eine Freude und spüre eine enorme innerliche Erleichterung für sie. In wenigen Wochen werden wir hoffentlich beide gesund sein und können auf den bestandenen Kampf gegen Corona und Krebs anstoßen.

PPS: Auch Stephi hat sich heute aus Brüssel per WhatsApp gemeldet. »Wie unendliche Trauer und unendliches Glück so dicht beieinander liegen können, hat die letzte Woche gezeigt. Wir sind überglücklich mit der Geburt unserer kleinen Tochter. Sie wiegt 3,69 kg und ist 50,5 cm groß.«

MITTWOCH, 3. JUNI 2020

Gutes Timing ist alles. Wäre dieser Satz ein Tweet, würde ich jetzt dazuschreiben *#ironieoff*. Denn eine Woche, nachdem ich hier auf der onkologischen Station zum ersten Mal eingecheckt habe, ist ein striktes Besuchsverbot verhängt worden. Das heißt konkret: Niemand, also wirklich niemand durfte mich oder einen der anderen Patienten im gesamten Spital, außer auf Palliativstationen, besuchen. Kein Plaudern. Keine Ablenkung. Keine mitgebrachten, selbstgemachten Torten. Danke Corona. Jetzt, wo ich zum letzten Mal meine Koffer gepackt habe, um zwei kurze Nächte mit wenig Schlaf hier zu verbringen, ist diese Maßnahme wieder aufgehoben worden. Weil es im ganzen Land nur noch etwas mehr als 400 an Corona erkrankte Menschen gibt, hat sich die Politik dazu entschlossen, die strengen Regelungen auch im Krankenhaus etwas zu lockern. Die Betonung liegt allerdings auf »etwas«. Denn pro Patient ist maximal ein Besucher pro Tag erlaubt. Der oder die darf auch erst ab 13 Uhr kommen und das auch nur für eine Stunde. Vorher muss er oder sie sich anstellen – der Rückstau an Besuchswilligen ist groß, nicht nur hier in meinem Spital – ein Formular ausfüllen und Fieber messen. Ich erspare meinen Liebsten dieses Prozedere. Nachdem ich die letzten drei Monate allein im Krankenhaus verbracht habe und die Bildschirmzeit auf meinem Handy und meinem iPad rekordverdächtige Werte erreicht hat, werde ich diese letzte Runde auch allein überstehen.

Wobei, ganz allein war ich ja nie, vor allem dank meines Ober-Docs und seines Teams, das sich in den vergangenen Wochen wirklich unfassbar lieb um mich und die anderen Patienten hier gekümmert hat. Als kleines »Abschiedsgeschenk« habe ich für die Schwestern und den einzigen Pfleger diesmal eine Sachertorte mitgebracht, samt einer kleinen Dankeskarte. »Liebes Team der Station Onko-D! Ihr habt mich durch die schwerste Zeit meines bisherigen Lebens begleitet. Vielen Dank für euren Einsatz, eure professionelle Betreuung und euren Humor, der mir den Aufenthalt hier wesentlich erleichtert hat. Ich hoffe sehr, dass wir uns wiedersehen, aber auf keinen Fall hier! :) Alles Liebe, Patrick«, schreibe ich mit zittriger Schrift in das Billet. Das Kribbeln in den Fingerspitzen macht das Schreiben leider nicht wirklich einfach.

Als ich der sympathischen Stationsschwester mein Mitbringsel überreiche, fühlt sich das richtig gut an. Fast wie ein Abschluss. Auch wenn ich weiß, dass noch ein bisschen was vor mir liegt. Aber der größte und schwierigste Teil der Behandlung liegt so gut wie hinter mir. Und so kommen wir in meinem Spitalszimmer recht schnell ins Plaudern und reden über Gott, auch über die Götter in Weiß hier auf der Station, und die Welt. Es ist ein bisschen wie in der Schule, wenn man über die anderen Klassenkollegen plaudert. Wieso schaut der Herr Dr. X immer so grantig? Warum lacht Schwester Y immer so laut? Man wird in so vielen Wochen doch irgendwie Teil einer Gemeinschaft und es ist lustig zu hören, dass die eigenen Wahrnehmungen von den Stationsschwestern bestätigt werden.

Die genauen Details dieser »Läster-Runde« bleiben aber in Zimmer Nummer zwölf, wo ich gerade meine allerletzte große Infusion bekomme. Das letzte Mal den schmucklosen Gang entlangwandeln. Das letzte Mal den Port-a-Cath durchspülen. Das letzte Mal. Ich kann es gar nicht glauben. Der ambulante Termin mit den zwei kleinen Chemo-Shots à la zehn Minuten fällt da gar nicht mehr ins Gewicht. Auch den letzten Corona-Test habe ich bereits hinter mir. Wenn es mit den Infektionszahlen so weitergeht, wird es auch den für Onkologie-Patienten wohl bald nicht mehr geben. Tja. Gutes Timing ist eben alles.

MITTWOCH, 10. JUNI 2020

»It's victory day«: Um 8.14 Uhr trudelt diese WhatsApp-Nachricht meiner Mutter auf meinem Handy ein. Ich bin zu diesem Zeitpunkt schon längst wach. Denn die Vorfreude auf diesen »Sieg« war schon die ganze Nacht groß. Wie oft habe ich in den letzten Tagen, Wochen und Monaten auf diesen 10. Juni hingefiebert? Zum Glück immer nur im übertragenen Sinn. Immer und immer wieder habe ich die Wochen im Kalender gezählt, die es noch dauert, bis die letzte Chemotherapie ansteht. Aus den knapp 130 Tagen ist mittlerweile nur noch ein einziger geworden und ich kann es gar nicht glauben. Es regnet in Strömen, ich hoffe, der Himmel weint vor Freude, als Alex und ich uns auf den Weg ins Spital machen. Er hat sich extra freigenommen, um mich an diesem für mich denkwürdigen Tag ein vorerst letztes Mal ins Krankenhaus zu begleiten – ein Besucher ist ja mittlerweile wieder erlaubt. Zum letzten Mal heißt es für mich durch den blauen Baustellencontainer zu gehen, auf dem »nur für Patienten mit Termin« geschrieben steht.

Dass selbst hier die Angst vor Corona mittlerweile nicht mehr ganz so groß ist, zeigt mir die Reaktion der diensthabenden Ärztin, an deren Schutzausrüstung ich mich mittlerweile gewöhnt habe. »Wo müssen Sie hin?«, fragt sie mich. »Ich habe meine letzte Chemotherapie auf der Tagstation«, antworte ich ihr, nicht ohne Stolz und Vorfreude in der Stimme. »Ah, na da wird Ihnen eh Fieber gemessen. Dann brauchen wir das nicht machen«, sagt sie mir. Kein einziges Mal wurde ich in den vergangenen Wochen und Monaten hier durchgelassen, ohne dass man in meinem Ohr meine Temperatur gecheckt hat. Bei über 37,5 Grad wäre mir der Eingang verwehrt geblieben und ich wäre wohl direkt auf eine COVID-Station gekommen. Aber beim letzten Mal ist alles anders. Und so steige ich wieder zu Alex ins Auto, der bereits am Spitalsgelände wartet und wir fahren zum heruntergekommenen Pavillon, in dem ich heute meine letzte Behandlung bekomme. Nachdem ich mich angemeldet habe, mein Port angestochen und mir Blut abgenommen wurde, heißt es wieder warten. Warten, ob die Blutwerte auch bei der finalen Runde gut genug sind, um die Chemie in mich hineinfließen zu lassen.

Die Wartezeit nützen Alex und ich, um meinem Ober-Doc einen Besuch abzustatten. Nicht ohne leere Hände. Weil ich durch unsere vielen Gespräche weiß, dass der Dottore ein Italien-Fan ist, haben wir, oder besser gesagt Alex, ihm einen feinen Geschenkskorb mit italienischen Spezialitäten besorgt. Vorbei an den verwunderten Sekretärinnen platzen wir wie selbstverständlich in sein Büro. Ich habe bereits vorher mit ihm telefoniert. Es ist fast so, als würde ich einen alten Freund besuchen und nicht einen vielbeschäftigten Chefarzt zweier großer Abteilungen. Der Ober-Doc, der wie immer Mund-Nasen-Schutz trägt, bittet uns herein und freut sich sichtlich, mich so gut gelaunt zu sehen. Ich überreiche ihm den großen Geschenkskorb und bedanke mich aus tiefstem Herzen für seine Betreuung und Fürsorge in den vergangenen Wochen und Monaten. Auch wenn ihm das Präsent sichtlich unangenehm ist, freut er sich doch ein wenig darüber: »Herr Budgen, das wäre wirklich nicht notwendig gewesen. Aber vielen Dank. Ich werde bei jeder Nudel an Sie denken«, sagt er mit seinem stets trockenen Humor. »Ich freue mich wirklich sehr, dass Sie so gut durch diese Zeit gekommen sind. Das haben Sie auch Ihrer Disziplin zu verdanken«, lobt er mich. Viel Zeit zum Plaudern hat der Herr Primar diesmal allerdings nicht. Sein Handy läutet quasi ununterbrochen und vor der Tür wartet schon die nächste Patientin. Trotzdem habe ich noch einige Fragen, bevor ich in mein Leben ohne Chemo-Plan entlassen werde. »Haben Sie noch fünf Minuten Zeit, mir die zu beantworten?«, frage ich ihn. »Aber selbstverständlich«, sagt er. Aus meiner schwarzen Lederjacke hole ich einen verdrückten A4-Zettel heraus, auf den ich zu Hause einige Fragen geschrieben habe, die ich meinem Arzt im Staccato-Stil stelle und prompt auf alles eine Antwort bekomme.

Ich: »Wann fangen meine Haare und mein Bart wieder an zu wachsen?«

Er: »In zwei bis drei Wochen beginnen sie wieder zu wachsen. Bis Herbst sollten Sie wieder so ausschauen wie vorher. Ich kann mir Sie aber gar nicht mehr mit Haaren vorstellen.

Ich: »Ich mir schon. Wie lange muss ich das Cortison noch nehmen und wann verschwindet das wieder aus meinem Körper, vor allem aus meinem Gesicht?«

Er: »Das ist bei Ihnen Teil des Therapieplans. Also noch knapp eine Woche, dann haben Sie's geschafft. Auch das Cortison sollte nach zwei bis drei Wochen aus Ihrem Körper abgebaut sein.«

Ich: »Juhu! Wie lange muss ich die restlichen Medikamente noch nehmen, die ich die ganze Zeit schlucken musste, die Antibiotika oder die antiviralen Pulver?«

Er: »Die nehmen Sie einfach noch so lange, bis der nächste Zyklus beginnen würde. Also etwa zwei Wochen. Dann sollte Ihr Immunsystem wieder halbwegs gut funktionieren.«

Ich: »Yeah. Also in zwei Wochen bin ich frei von Medikamenten. Ein sehr cooles Gefühl. Wann darf ich eigentlich wieder in die Sonne?«

Er: »Die Sonne sollten Sie diesen Sommer meiden. Als Onkologe rate ich Ihnen das aber auch generell. Für unsere Haut ist das nicht wirklich gesund.«

Ich: »Ok. Ich werde eh auch im Schatten recht braun. Wann darf ich wieder unter Leute und wie vorsichtig muss ich in den nächsten Wochen sein?«

Er: »Da gilt das Gleiche wie mit den restlichen Medikamenten. Ab da, wo der nächste Zyklus beginnen würde, ist die ganz heikle Phase vorbei. Vorsichtig sein heißt's aber weiterhin. Wir haben ja auch noch Corona, auch wenn das viele schon vergessen haben.«

Ich: »Ach ja, da war ja noch was. Und eine nicht unwichtige Frage noch zum Schluss. Wann darf ich denn wieder Alkohol trinken? Ich habe seit einem Dreivierteljahr keinen Schluck mehr getrunken.«

Er: »Na, das können's jetzt schon, wenn Sie wollen. Genehmigen Sie sich ruhig was.«

Ich: »Echt?? Wow. Cool. Ich warte lieber noch, bis das Cortison auch von meinem Speiseplan gestrichen ist. Dann habe ich gleich doppelt Grund zum Anstoßen.«

Mit diesen doch recht erfreulichen Infos verabschieden wir uns ohne Händeschütteln von meinem Arzt und ich mache mich auf den Weg einen Stock höher in die Tagesklinik der onkologischen Station. »Die Blutwerte sind zwar schon da, Ihre Chemotherapie leider noch nicht. Sie hätten ein wenig früher kommen sollen. Das wird sicher noch drei Stunden dauern«, nimmt mich die energische Schwester in Empfang. Na gut. Am Ende strapaziert der Hodgkin noch einmal meine gesamte Geduld. Obwohl es draußen noch immer schüttet, beschließen Alex und ich, aus der Not eine ungesunde Tugend zu machen und schieben zur Feier des Tages ein Fastfood-Mittagessen ein. Also nochmal raus aus dem Spital, rein ins Auto und hin zum Drive-in. Burger, Pommes, zwanzig Stücken Chicken Nuggets und viele verschiedene Saucen schmecken einfach nur herrlich und passen irgendwie ironisch perfekt zu diesem unwirklichen Tag, an dem ich – so hoffe ich – wieder in ein gesundes Leben starten will.

Nach unserer »Fastfood-Gönnung« – die nächste gibt's frühestens in einem halben Jahr – geht's also zurück ins Krankenhaus. Kontrollieren will mich auch diesmal keiner mehr und so hänge ich um exakt 15.44 Uhr an meiner allerletzten Chemotherapie. Es ist kaum zu glauben. Das letzte Mal, dass die durchsichtige Flüssigkeit aus zwei kleinen Beuteln in mich hineinrinnt. Das letzte Mal, dass ich hier in diesem tristen Raum sitzen muss. Ein unglaublich befreiendes Gefühl. Als ich fertig bin, hängt mich die japanische Krankenschwester geschickt ab und befreit mich von sämtlichen Schläuchen. Einmal noch spülen. Einmal noch der metallische Geschmack im Mund. Fertig. In meiner Fantasie müssten jetzt Fanfaren aufspielen und ein Gospel-Chor »Oh Happy Day« singen, während ich in Richtung Ausgang gehe. Doch tatsächlich »tütet« nur das Infusionsgerät meiner Sitznachbarin und die Krankenschwester wünscht mir »noch einen schönen Tag« und sagt »auf Wiedersehen«. »Auf Wiedersehen, aber bitte nicht hier«, antworte ich ihr und verlasse trotz Müdigkeit, die mich überkommt, beschwingt die onkologische Tagstation.

Im Auto falle ich Alex in die Arme und wir spüren beide die Erleichterung, die sich in uns breitmacht. Auch wenn es erst in wenigen Wochen endgültige Gewissheit gibt, dass der Hodgkin sich verabschiedet hat – ein großer Brocken ist geschafft. Eigentlich wollten wir diesen Tag heute mit Freunden bei uns auf der Terrasse feiern. Doch es regnet auch am Abend. Außerdem bin ich hundemüde und erschöpft. Und so falle ich um zwanzig Uhr ins Bett und schlafe hinein in mein neues, altes und hoffentlich gesundes Leben.

PS: Nächste Woche am Montag endet die coronabedingte Maskenpflicht in Supermärkten, Restaurants und in Öffis. Genau dann, wenn auch meine Maskenpflicht endet, weil mein Immunsystem wieder halbwegs funktionieren sollte. Hodkgin und Corona dürften sich wirklich irgendwie abgesprochen haben.

DIENSTAG, 14. JULI 2020

Diese Pause habe ich wirklich gebraucht. Seit über einem Monat kein Krankenhaus. Keine Untersuchung. Keine Chemotherapie. Kein Tagebucheintrag. Und was soll ich sagen? Es fühlt sich richtig gut an. Tag für Tag kehrt mehr Energie in meinen Körper zurück. Ich fühle mich fast wie ein Elektroauto auf zwei Beinen, das jede Nacht an den Strom angehängt wird. »Unter Strom« habe ich dann auch viele Dinge seit Monaten zum ersten Mal gemacht. Zum Beispiel Autofahren. Was seit Jahren für mich alltäglich ist, wäre in den vergangenen Monaten undenkbar gewesen, ohne für ein Ansteigen der Unfallstatistik zu sorgen. Ich wäre viel zu müde und unkonzentriert gewesen, auch nur die kürzeste Strecke mit dem PKW zurückzulegen. Umso besser fühlt sich diese zurückgewonnene Freiheit an, einfach wieder einmal selbst hinter dem Steuer zu sitzen.

Vor einer weiteren After-Chemo-Premiere hatte ich regelrecht Angst. Und zwar vor dem ersten Schluck Alkohol. Nicht aus Sorge, dass ich nach einem Glas Wein im Vollrausch ende, was tatsächlich passiert ist, sondern aus einem ganz anderen Grund und der heißt Hodgkin. Eine äußerst seltene Nebenwirkung meines mittlerweile alten Bekannten ist nämlich, dass schon bei den kleinsten Mengen Alkohol die Lymphknoten im Körper schmerzen. Mehrere Wochen vor der Diagnose habe ich das zum ersten Mal gespürt, konnte die Symptome aber nicht richtig deuten. Für mich war der massive Druck auf der Brust nach einem Glas Wein ein Zeichen dafür, dass ich den Alkohol einfach nicht mehr so gut vertrage, man wird schließlich nicht jünger. Seit November habe ich jetzt nichts Hochprozentiges mehr getrunken, einmal habe ich einen Löffel Spaghetti-Sauce mit Rotwein probiert, bei dem sich der Hodgkin nach dem zweiten Chemo-Zyklus sofort gemeldet hat. Den ersten Schluck habe ich deshalb, trotz Freigabe meines Arztes, bis vor wenigen Tagen vor mir hergeschoben. Was ist, wenn es noch immer wehtut? Das würde bedeuten, dass noch nicht alles weg ist aus meiner Brust. War dann alles umsonst?

Solche Gedanken gehen mir durch den Kopf, als Alex und ich bei unseren Lieblingsnachbarn eingeladen sind und mir ein Weißer Spritzer eingeschenkt wird. Mehrere Minuten zögere ich, meine Lippen ans Glas anzusetzen, um die Probe aufs Exempel zu machen. Doch dann überkommt es mich. Ich will es jetzt wissen und nehme einen kräftigen Schluck. Und gleich noch einen zweiten. Dann warte ich, spüre in mich hinein. Kommt was? Wo ist das unangenehme Gefühl? Wann fängt es an, in meiner Brust zu pochen? Doch ich spüre nichts. Gar nichts. Ich kann es gar nicht glauben und nehme gleich noch einen Schluck. Doch auch nachdem das ganze Glas geleert ist, tut sich in meinem Körper nichts, außer dass mir der mittlerweile ungewohnte Alkohol in den Kopf steigt. Es ist ein herrliches Gefühl. Auch wenn mir der Alkohol nicht wirklich schmeckt, bin ich sehr erleichtert, dass er mir kein solches Unbehagen mehr beschert. Wir stoßen gemeinsam darauf an und ich leere zur Feier des Tages gleich noch ein zweites Glas.

Trotz dieses Erfolges kreisen meine Gedanken immer öfter um die Abschlussuntersuchung. In etwa zwei Wochen ist es so weit, dann werde ich wieder in die Röhre im Krankenhaus geschoben. Auch wenn mein immer sehr ehrlicher Ober-Doc davon ausgeht, dass bei der Computertomographie nichts mehr vom Hodgkin zu sehen sein wird, bin ich nervös und unruhig. Je näher der Tag rückt, desto öfter mache ich mir Gedanken darüber. Was ist, wenn die ganze Geschichte dann noch immer nicht vorbei ist? Muss ich noch bestrahlt werden? Muss man mir Knochenmark entnehmen, um zu schauen, ob dort alles weg ist? Fragen, die man mir erst nach der Untersuchung beantworten kann. Bis dahin genieße ich weiterhin die Pause und hoffentlich den endgültigen Abschied vom Krankenhausalltag.

MITTWOCH, 15. JULI 2020

Ich packe wieder einmal Koffer. Diesmal aber den ganz großen. Und das Gepäck ist seit langem einmal nicht fürs Krankenhaus gedacht. Es geht für mich nämlich auf Rehabilitation. Ganze drei Wochen lang. Mein Ziel: der Sonnberghof im Burgenland. Eine Einrichtung, die auf Patienten nach einer Krebserkrankung spezialisiert ist. Als mein Ober-Doc mir einen Aufenthalt dort empfohlen hat, war ich alles andere als begeistert. »Ich will mich eigentlich nicht schon wieder drei Wochen lang nur mit meiner Krankheit beschäftigen«, war meine Antwort auf seinen Vorschlag. »Sie werden sehen, es wird Ihnen guttun. So eine Reha gehört als Abschluss dazu und jeder, den ich bis jetzt dorthin geschickt habe, ist sehr zufrieden zurückgekommen«, entgegnet er mir. Also gut. Es ist also mehr als ein Vorschlag. Eher ein ärztlicher Rat. Deshalb mache ich mich heute auch auf den Weg ins beschauliche Bad Sauerbrunn, bis jetzt kenne ich nur den Christkindlmarkt dort – sehr schön! Das Reha-Zentrum liegt nur eine Stunde von uns zu Hause entfernt. Um 8.30 Uhr kommen Alex und ich vor dem großen Komplex an, der von außen wie ein Vier-Sterne-Hotel wirkt.

Exakt in derselben Minute fährt ein zweites Auto vor. Als ich gerade beim Kofferausladen bin, höre ich plötzlich eine mir bekannte Stimme. Kurz darauf sagt sie einen mir bekannten Namen. Es ist eine Wiener Kulturmanagerin, die ich durch meinen Job seit Jahren flüchtig kenne. Sie mich eigentlich auch. Doch als ich sie ansehe und freundlich grüße, merke ich, dass sie mich nicht erkennt. Mein Aussehen hat sich in den vergangenen Wochen und Monaten zu stark verändert. Wie aus einem Reflex heraus strecke ich ihr meine Hand entgegen, ganz entgegen jeder Corona-Regel, begrüße sie laut, stelle mich vor und sage, dass wir einander kennen. Nach einem kurzen, fragenden Blick scheint es ihr zu dämmern. Sie lächelt freundlich, wobei ihre strahlend weißen Zähne in der Sonne fast glänzen und gibt mir ebenfalls die Hand. Ganz geheuer scheint es der sympathisch wirkenden Mitfünfzigerin mit kurzen blonden Haaren, ihre Chemotherapie dürfte schon etwas länger her sein, nicht zu sein, dass sie noch vor Beginn der Reha auf ein bekanntes Gesicht trifft. Ich freue mich innerlich, weil ich weiß, dass ich zumindest eine interessante Gesprächspartnerin hier haben werde. Das wird sich im Laufe der drei Wochen zum Glück mehr als bewahrheiten.

Ähnlich wie bei den Corona-Tests im Krankenhaus begrüßt uns auch hier eine Frau in weißem Kittel, mit Plastikschürze und Vollvisierhelm. Denn Corona ist auch in dem beschaulichen Örtchen allgegenwärtig, ganz besonders an diesem sensiblen Ort. Nach einem kurzen Check-in an der Rezeption bekommen alle Neuankömmlinge deshalb auch gleich ein ganzes Handout mit »Hygienemaßnahmen« für den Aufenthalt hier. Die meisten davon sind mir gut bekannt (Maskenpflicht, Ein-Meter-Abstand), andere sind auch mir neu, obwohl ich für den Reha-Aufenthalt meinen zwölften Corona-Test hatte. So findet sich auf der Liste etwa der Punkt »Bitte haben Sie Verständnis, dass bis auf weiteres keine offenen Speisen am Buffet angeboten werden dürfen«. Was das heißt, sehe ich, nachdem ich meinen Koffer ausgepackt habe gleich live und in Farbe. Im großzügigen Speisesaal im Erdgeschoss, der etwas von einer Uni-Mensa hat, ist hinter einer riesigen Plexiglaswand das Frühstücksbuffet angerichtet. Wo man sich normalerweise Semmel, Marmelade und Co selbst auf seinen Teller nimmt, sind in Zeiten wie diesen freundliche Kellnerinnen und Kellner der verlängerte Arm der Gäste. Mit Masken ausgestattet zischen sie wie Kugeln in einem Flipper-Automaten von einer Seite auf die andere. Von vorne nach hinten und von rechts nach links, um die jeweilige Auswahl des Gastes auf das Plastik-Tablett zu räumen.

Mit meiner Ausbeute mache ich mich auf den Weg zu dem mir zugewiesenen Platz, der mit einem eigenen Namensschild markiert ist. Mir vis-à-vis sitzt Daniela, die sich in ein buntes Strandkleid gehüllt hat, fast wie im Urlaub. Welch ein Glück, denk ich mir. Wir teilen uns den Tisch mit zwei weiteren Frauen. Eine Ende fünfzig, die andere Anfang siebzig. Nach einer kurzen Vorstellung, »Sind Sie nicht der Herr aus dem Fernsehen?! Das gibt's ja nicht!!«, geht's auch schon ans Eingemachte. Dass hier jeder Krebs hat oder hatte, ist klar. Die Frage ist nur, welchen. Nach wenigen Minuten weiß ich es. Brust, Bauchspeicheldrüse und Eileiter sind meine Sitznachbarinnen. Alle kommen aus meiner Heimatstadt. Eine schöne Wiener Melange. Das Entsetzen und die Betroffenheit, die man auslöst, wenn man normalerweise von seiner Krebserkrankung spricht, sucht man hier vergebens. Jeder und jede hier weiß, wie es sich anfühlt, eine solche Diagnose zu bekommen. Jeder und jede hat monatelange oder manchmal sogar jahrelange Therapien hinter sich und kennt die quälende Frage, ob man je wieder gesund wird, nur zu gut.

Auch wenn mir die drei Frauen am Tisch fast völlig fremd sind, es tut gut, sich mit ihnen auszutauschen. Ganz sachlich. Ohne übertriebenes Mitleid oder Mitgefühl, das einem manchmal bei solchen Gesprächen entgegenschwappt. Es ist hier einfach ein normales Gesprächsthema. Und man ist mit seinem Schicksal nicht allein. Auch, dass unsere Erkrankungen ausgerechnet in die Corona-Zeit gefallen ist, eint uns. Und so setzen wir nach dem ersten gemeinsamen Frühstück alle brav unsere Masken auf – die Maskenpflicht gilt hier immer und überall, außer beim Essen und beim Sport – und starten in den ersten Reha-Tag.

DIENSTAG, 21. JULI 2020

Da haben sich viele offenbar zu früh gefreut. Nachdem wir alle in den vergangenen Wochen wieder oben ohne unser Leben genießen konnten, gilt seit heute wieder Maskenpflicht. In Supermärkten, Tankstellen und auf der Post – vermutlich wegen der langen Warteschlangen dort – muss ab sofort wieder der allseits beliebte Mund-Nasen-Schutz getragen werden. Die Zahl der mit Corona Infizierten ist in den letzten Tagen wieder viel stärker angestiegen als zuletzt, weshalb die Regierung das »Mask-have« wieder eingeführt hat. Und das, obwohl das Tragen eines Mund-Nasen-Schutzes laut einer neuen Studie die Belastbarkeit verringert. Wow. Große Überraschung. Eine wissenschaftliche Erkenntnis, die hier auf der Reha niemanden sonderlich beeindruckt. Denn egal ob bei der Physio-, der Ergo- oder der Psychotherapie, die Maske muss überall getragen werden. Nicht angenehm. Aber was soll‘s. Denn obwohl mich das Stück Stoff offenbar an meinen sportlichen Höhenflügen hindern will, lasse ich mich davon nicht irritieren.

Mein dezidiertes Ziel für die Zeit hier im Burgenland ist es, belastbarer und fitter werden. Die monatelange Chemotherapie hat ausdauertechnisch aus mir einen Greis gemacht. Das soll sich unbedingt ändern. Und so spule ich hier täglich ein Sportprogramm ab – dabei darf die Maske zum Glück runtergenommen werden – das sich gewaschen hat. Schwimmen, Radfahren, Rudern, Laufen, Krafttraining und sogar Aqua-

Gymnastik probiere ich aus. Und tatsächlich: Tag für Tag merke ich, wie meine Lebens- und Sportgeister in mich zurückkehren. Während ich an Tag eins meiner Reha nach dreißig Längen im großen Sportbecken schon völlig außer Atem war, schwitzen tut man ja im Wasser zum Glück nicht, kann ich mittlerweile schon fünfzig Längen ohne Probleme abspulen. In Daniela habe ich noch dazu eine kongeniale »Mitbewerberin« gefunden. Auch sie will fitter und sportlicher werden – die Ärzte hier haben ihr ein »gesundes Übergewicht« attestiert – und so stacheln wir uns täglich bei unseren drei Mahlzeiten gegenseitig an. »Warst du heute schon schwimmen?«, »Bist du schon am Ergometer gesessen?«, »Ich war schon eine Stunde laufen!«

Mit einem gesunden Konkurrenzkampf motivieren wir uns gegenseitig zu unseren täglichen Bewegungseinheiten. Zum ersten Mal seit Monaten mache ich heute sogar ein Selfie von mir. Während ich mich in der letzten Zeit nicht einmal in den Spiegel schauen wollte, ich habe mich weder erkennt noch mir gefallen, nehmen meine Gesichtszüge schön langsam wieder die gewohnten Formen an. Endlich verschwindet dieses verdammte Cortison aus meinem Körper. Und auch das Gift der Chemo verabschiedet sich offenbar langsam. Auch dank der vielen Bewegung. Wie wichtig Sport und Fitness sind, erfahre ich hier auf der Reha auch in einem der vielen Vorträge, die mal mehr, mal weniger spannend ausfallen. Mit bis zu fünfzigprozentiger Wahrscheinlichkeit kann durch regelmäßige Bewegung ein sogenanntes Rezidiv, also eine Rückkehr des Krebses, verhindert werden. Wenn das kein Ansporn ist, den inneren Schweinehund öfter mal auf der Couch allein zu lassen!

PS: In etwas mehr als einer Woche findet meine Abschlussuntersuchung statt. So sehr ich mich hier mit Sport und spannenden Gesprächen mit Daniela ablenken kann, ich merke, wie der Gedanke daran mit jedem Tag präsenter wird. Hat sich die ganze Tortur ausgezahlt? Ist der Hodgkin aus meinem Körper verschwunden oder nicht? Es sind Fragen, die mich leider auch um meinen Schlaf bringen. Fragen, auf die ich aber zum Glück bald eine Antwort bekommen werde.

MITTWOCH, 29. JULI 2020

Sie ist schweißgebadet und zittert. Mit unsicheren Handgriffen versucht sie, den neongelben Venenstauer an meinem rechten Oberarm zu fixieren. Vergebens. Routine sieht leider anders aus. Blöd nur, dass diese Kur-Ärztin Mitte fünfzig gleich mit einer Nadel in meine Vene sticht, um mir Blut abzunehmen. Es ist 6.30 Uhr in der Früh. Damit der Befund rechtzeitig vor meiner Abschlussuntersuchung heute Mittag fertig ist, haben die Frau Doktor und ich ein sehr zeitiges Rendezvous. Dutzende Male bin ich in den vergangenen Monaten im Krankenhaus »angezapft« worden. Meistens von routinierten Krankenschwestern, die im Handumdrehen bis zu zehn kleine Glasröhrchen mit meinem Blut angefüllt haben.

Die Medizinerin, die mir in dem kleinen Arztzimmer gegenübersitzt, dürfte etwas aus der Übung sein – sofern sie diese je hatte. Gefühlte zehn Minuten »stochert« sie mit der Nadel in meiner Armbeuge herum. Da ich beim Blutabnehmen nie hinsehe – das habe ich mir am Beginn meiner Krankenhauszeit so angewöhnt – sehe ich nicht, was genau sie da tut. Angenehm ist es jedenfalls nicht. Schlussendlich hat sie endlich, wonach sie eine halbe Ewigkeit gebohrt hat: eine einzige Pipette mit meinem Blut. »Wundern Sie sich nicht, wenn der Arm vielleicht blau wird. Das passiert bei jungen Leuten, die gute Venen haben, leider immer wieder«, sagt sie mir zum Abschied. Ich muss aufpassen, dass ich bei diesem

Rechtfertigungsversuch nicht laut loslache. Die erste medizinische Hürde dieses Tages ist damit geschafft.

Die nächste, weitaus aufregendere folgt einige Stunden später. Alex hat mich aus dem beschaulichen Bad Sauerbrunn abgeholt und ins Wiener Krankenhaus gebracht. Dort muss ich heute noch einmal in die Röhre. PET/CT. Bevor das gut vertraute Prozedere losgeht, heißt es warten. Und zwar am Gang. Auch hier hat sich durch Corona einiges geändert. Nicht nur, dass viel weniger Patientinnen und Patienten hier sind als noch bei meiner ersten Untersuchung im Februar. Jetzt ist der Wartebereich sogar in eigene Farbzonen geteilt. Gleich am Schalter bekomme ich einen folierten lila Zettel, mit dem ich im »violetten Bereich« Platz nehmen muss. Schon nach fünf Minuten kommt die »Farbpolizei« in Form eines Krankenpflegers und kontrolliert, ob ich tatsächlich im richtigen Wartereich sitze, vermutlich, damit ich niemanden im gelben oder grünen Bereich anstecken kann.

Nach dreißig Minuten geht's auch schon los. Wieder wird mir ein radioaktives Mittel gespritzt. Wieder bekomme ich eine Infusion. Wieder muss ich eine Stunde lang ruhig daliegen, damit sich das Mittel in meinem ganzen Körper verteilt. Dann wird es ernst. Ich lege mich auf den Rücken, meine Arme werden festgeschnallt, damit Bewegungen die Aufnahmen nicht stören, und dann werde ich von einer Krankenschwester per Knopfdruck in den Computertomographen geschoben. »Einatmen. Ausatmen. Nicht mehr atmen. Weiteratmen«, sagt eine Computerstimme immer und immer wieder. Währenddessen wird mein Körper vom Hals abwärts durchleuchtet.

Während des Prozederes male ich mir aus, was die Schwestern, die in einem verglasten Zimmer gleich nebenan sitzen, wohl gerade auf ihren Bildschirmen sehen. Ist der Hodgkin noch in meinem Körper zu sehen? Hat er sich aus dem Knochenmark verabschiedet? Ist der Haupttumor in der Brust verschwunden? Die Gesichter der jungen Schwestern kann ich nicht lesen, da ich meinen Kopf nicht bewegen darf. Doch auch nach der dreißigminütigen Untersuchung, als ich wieder »befreit« werde, verraten mir ihre Blicke nichts. Dafür sind sie wohl zu routiniert und haben schon zu viel gesehen. Wie immer muss ich noch kurz warten, bis die Oberärztin ihr Okay gibt, ob die Qualität der Bilder passt, dann kann ich gehen. »Morgen Vormittag werden wir ein Ergebnis haben. Es ist momentan sehr viel zu tun«, sagt sie mir zum Abschied. Nicht einmal 24 Stunden. Doch die können sich verdammt lang anfühlen.

PS: Heute hat das Coronavirus übrigens auch das beschauliche Bad Sauerbrunn erreicht. Der überaus sympathische medizinische Leiter der Reha-Klinik verkündet im Speisesaal beim Abendessen, dass zwei Lehrlinge der Kurkonditorei im Ort positiv getestet wurden. Das Raunen, vor allem unter den älteren Damen im Saal, ist groß. Ob wegen der fehlenden Cremeschnitten oder der Angst, sich angesteckt zu haben, weiß ich nicht. Denn obwohl es eigentlich ein Verbot gibt, Lokale zu betreten – das mussten wir vor Reha-Antritt unterschreiben – halten sich leider nicht alle daran.

DONNERSTAG, 30. JULI 2020

Klick. Klack. Klick. Klack. Ich bin gerade im Badzimmer meines Reha-Refugiums beim Nägelschneiden, als das monotone Geräusch von einem glockenhellen Bimmeln unterbrochen wird. Es ist exakt 10.12 Uhr, als mein Handy läutet. Ich habe es normalerweise immer auf lautlos gestellt, diesen Anruf wollte ich aber auf keinen Fall verpassen. Und tatsächlich: Als ich zu meinem Mobiltelefon stürme, das am Bett liegt, leuchtet mir der Name meines Ober-Docs am Display entgegen. Was wird er mir sagen? Hat er gute Nachrichten oder muss die Behandlung weitergehen? In wenigen Sekunden werde ich es wissen. Mein Puls schlägt auf einmal rasend schnell vor Aufregung. Die ganze Nacht habe ich kaum geschlafen, weil ich genau diesem Moment entgegengefiebert habe. Passenderweise hatte ich heute früh schon einen Vortrag zum Thema Umgang mit Angst – das Gelernte umzusetzen fällt mir in dieser Situation allerdings ziemlich schwer. Ich hole noch einmal tief Luft und drücke dann auf das grüne »Abheben«-Symbol auf meinem Smartphone.

»Herr Doktor. Ich habe mich so vor diesem Anruf gefürchtet«, sage ich ohne ihn zu begrüßen. Stille. Eins, zwei, drei. Dann endlich höre ich seine Stimme. Klingt er besorgt? Erleichtert? Ernst? Ich konzentriere mich viel mehr darauf, wie er spricht, als darauf, was er sagt. Doch dann kommt die Information an. Der Satz, auf den ich so viele Monate gehofft und gewartet habe. »Sie brauchen sich nicht fürchten, es ist geschafft«, sagt der Herr Dozent mit seiner gewohnt trockenen Art. »Wir müssen nichts mehr machen. Keine Bestrahlung. Keine Knochenmarkspunktion. Es hat sich alles so wie erhofft zurückgebildet.« Ich brauche ein paar Sekunden, bis diese Nachricht einsickert. Dann lasse ich einen lauten Schrei los und hüpfe wie ein Flummi quer durchs Zimmer. »Danke, danke, danke. Ich bin so glücklich und erleichtert. Ich kann es gar nicht glauben«, schreie ich förmlich ins Telefon. Ich merke, dass auch der Arzt meine Freude teilt und erleichtert ist. »Wir sehen uns in zehn Tagen zur Abschlussbesprechung und dann alle drei Monate zur Kontrolle. Und jetzt feiern Sie schön«, sagt er mir noch, bevor dieses kurze, aber so unendlich bedeutsame Telefonat beendet ist.

In den nächsten zwei Stunden tue ich nichts anderes als zu telefonieren und die frohe Botschaft in meine kleine Welt hinauszutragen. Alex, meine Eltern – meine Mutter weint fast, als ich ihr die erlösende Nachricht erzähle – meine Freunde, meine Kollegen, alle sollen es wissen. Und alle freuen sich riesig mit mir, dass diese schwere und dunkle Zeit jetzt einmal vorbei ist. Mit jedem Gespräch wird mir bewusster, dass ich es tatsächlich geschafft habe. All die Sorgen, die Gedanken, die Fragen, die mich in den letzten Monaten so belastet haben, fallen wie eine schwere Ritterrüstung von meinem Körper ab. Es ist ein herrliches Gefühl. Zum ersten Mal seit sehr langer Zeit fühle ich mich vollkommen befreit. Eigentlich sollte man in so einem Moment vor lauter Freude weinen, denk ich mir. Doch meine Augen bleiben trocken. Auch gut. Ich bin also offenbar auch in Extremsituationen nicht allzu sentimental.

Natürlich muss ich auch meinen Mitpatientinnen, allen voran Daniela, von der erlösenden Nachricht erzählen. Wie uralte Freunde fallen wir uns in die Arme – wir sind schließlich beide coronanegativ – und ich spüre, wie sehr sie sich für mich freut. Niemand aus meinem Freundes- und Familienkreis kann diese Erleichterung so nachvollziehen wie jemand, der selbst mit einer solchen Krankheit kämpft. In meiner Vorstellung – und ich habe mir diesen Tag und diese Situation sehr oft vorgestellt – wäre ich heute Abend feiernd und mit vielen Flaschen Wein und Prosecco – jetzt vertrage ich das ja wieder – in der Lobby der Reha-Klinik gesessen und hätte mit meinen (Ex-)Leidensgenossen auf meinen zweiten Geburtstag angestoßen. Doch stattdessen sitze ich allein auf der Terrasse meines Zimmers, genieße die Stille und atme die frische Luft ein. Ich habe das Bedürfnis, für mich zu sein an diesem speziellen Abend und all die Eindrücke der vergangenen Monate in Ruhe Revue passieren zu lassen. Außerdem scheint es mir ein wenig unpassend, andere Menschen mit meiner Freude zu überschütten, die selbst noch lange auf so eine erleichternde Nachricht warten müssen, oder sie vielleicht überhaupt nie bekommen. Vor dem Schlafengehen fällt mir auf, dass der Nagel meines rechten kleinen Fingers noch recht lang ist. Da wurde ich um 10.12 Uhr unterbrochen. Ich zwicke ihn ab und gehe so zufrieden ins Bett wie seit fast einem Jahr nicht.

PS: Mittlerweile bildet sich auf meinem Kopf ein Flaum, der mit viel Fantasie schon ausschaut wie Haare. Auch mein Bart kehrt langsam, aber sicher in mein Gesicht zurück. Endlich.

PPS: Heute habe ich mit einer mir völlig fremden Frau telefoniert. Ein Mitpatient ist beim Mittagskaffee samt Handy zu mir gekommen und hat gemeint: »Herr Budgen, meine Frau ist am Telefon und würde gerne mit Ihnen reden.« Ich war so baff, dass ich das Telefon genommen und mit ihr gesprochen habe. Besser gesagt, sie mit mir. »Wir haben eh schon beim ORF angerufen, wo Sie sind. Mein Mann hat mir gestern erzählt, dass Sie auch da sind. Um Gottes willen, so ein junger Mensch. Wann sehen wir Sie denn endlich wieder im Fernsehen?«

PPPS: Die restliche Woche der Reha war noch viel entspannter als die zwei Wochen davor. :)

MONTAG, 31. AUGUST

Ein Anruf genügt. Das hätte fast der neue Werbeslogan der Hausärztinnen und Hausärzte werden können. Denn während der Corona-Zeit musste man, um sich krankzumelden, nicht wie üblich in die Ordination pilgern und im meist übervollen Wartezimmer Platz nehmen – Ansteckungsgefahr! – sondern einfach nur anrufen. Das hat mir in den vergangenen Monaten viele Wege erspart. Morgen endet dieses spezielle Corona-Service. Was für ein Glück, dass ich mich heute gesund- und nicht krankschreiben lasse. Ich kann es gar nicht fassen, als das E-Mail meines Hausarztes zurückkommt mit den Zeilen »Ende des Krankenstandes 31. August 2020«. Morgen beginnt mein neues, altes Leben. Ich gehe wieder arbeiten. Zunächst lösche ich die Abwesenheitsnotiz, die seit sieben Monaten aktiv war und alle Mailschreiber darüber informiert hat, dass ich bis Anfang September in Bildungskarenz bin. Danach schreibe ich ein E-Mail an meine Kolleginnen und Kollegen. Viele von ihnen wissen, was mit mir los war, einige nicht. Bis auf ein paar wenige Ausnahmen hatte ich mit so gut wie niemandem aus dem Büro Kontakt. Es ist mir aber ein Bedürfnis, ab nun offen und ehrlich mit meiner Krankheit umzugehen und Spekulationen, die es wohl immer in solchen Fällen gibt, aus dem Weg zu räumen. Ich tippe folgende Zeilen in meinen Laptop:

*»Liebe Kolleg*innen,*

nach sieben Monaten Krankenstand ist morgen endlich (!) wieder mein erster Arbeitstag. Weil es für viele von euch dazu einige Fragen gab und gibt, wollte ich mich mit diesem E-Mail einfach zurückmelden und einige davon beantworten. Ich habe Anfang Februar die Diagnose Lymphdrüsenkrebs bekommen. Wie sich herausgestellt hat, zum Glück eine Form, die sehr gut behandelbar ist. Trotzdem musste ich mich einer viermonatigen Chemotherapie unterziehen, was (zeitgleich mit Corona) alles andere als lustig war. Im Juli hat die Abschlussuntersuchung gezeigt, dass zum Glück alles weg ist und ich wieder gesund bin. Mitte Juli bis August war ich dann noch drei Wochen lang auf Reha, wo meine Energie zum Glück recht schnell zurückgekehrt ist. Mittlerweile fühl ich mich wieder voll fit und freue mich wahnsinnig aufs Arbeiten. Diese Woche werde ich schon ein ›Tratschen mit Budgen‹ aufnehmen, nächste Woche startet dann ›Guten Morgen Österreich‹ aus Wien. Ich danke allen, die meinen Wunsch nach Privatsphäre in dieser harten Zeit respektiert haben.

Bis demnächst im Funkhaus (dank Corona sieht man sich ja nicht mehr so oft, habe ich gehört. ;))

Liebe Grüße,
Patrick«

Die Nachricht geht an die gesamte Fernsehmannschaft, also an Redakteurinnen und Redakteure, Kameraleute, Cutter, Dispo, Maske und alle, die sonst noch an unserer täglichen Nachrichtensendung beteiligt sind. Drei, zwei, eins. Abgeschickt. Es dauert keine zwei Minuten, bis die ersten Antworten meiner Kollegen kommen. Und die rühren mich fast zu Tränen (Weinen habe ich wieder nicht geschafft). Es sind keine Standard-Mails mit »Schön, dass du wieder da bist«, sondern teils lange, sehr persönliche Nachrichten. Eine Kollegin schreibt, sie hat von mir geträumt. Die andere, dass sie oft an mich gedacht hat. Und wieder ein anderer schreibt mir, dass ich dem Team massiv gefehlt habe. Es ist wie Balsam auf der Seele und für mich der Beweis, dass ich in meinem Job goldrichtig bin. Ein Job und Kolleginnen und Kollegen, die ich ab sofort noch mehr zu schätzen weiß. Danke Hodgkin.

7. SEPTEMBER 2020

Man nennt sie »Instrument der Engel«. Nur engelsgleich sind die Töne der Harfe leider nicht. Sie kommen aus meinem Handywecker. Lautstark. Um exakt 4.15 Uhr. Es ist fast ein Jahr her, dass ich das letzte Mal um diese Uhrzeit aufstehen musste. Und ich habe mich noch nie so darauf gefreut wie heute. Es ist mein erster Frühdienst. Das erste Mal, dass ich wieder das Früh-Fernsehen »Guten Morgen Österreich« präsentieren darf. Leise hebe ich mich aus dem Bett, um im Badezimmer eine Katzenwäsche zu erledigen. Zähneputzen, kaltes Wasser ins Gesicht, fertig. Eigentlich hätte ich heute noch zehn Minuten länger schlafen können. Denn das aufwendige Haarstyling fällt diesmal flach – ein Vorteil an meiner derzeitigen »Sommerfrisur«, den ich durchaus zu schätzen gelernt habe. Und so nütze ich die gewonnene Zeit, um mich im Internet auf den neuesten Stand zu bringen. Was ist in der Nacht passiert? Welche Meldungen können wir eventuell in unsere Frühsendung einbauen?

Frisch upgedated geht's mit dem Taxi zu meiner lieben Kollegin und Freundin Eva. Auch im neuen Leben halten wir an unserer alten Tradition fest. Jedes Mal, wenn wir Frühschicht haben, bilden wir eine Fahrgemeinschaft – vermutlich die lustigste und lauteste um diese Uhrzeit. In ihrem kleinen Smart geht's dann weiter zu unserem heutigen Set an der Donaumarina. So sehr ich mich auf meinen ersten Einsatz vor der Kamera freue, innerlich bin ich ziemlich aufgewühlt. Monatelang habe ich mich krank und schwach gefühlt und auch so ausgesehen. Es wäre nicht im Ansatz denkbar gewesen, im Fernsehen aufzutreten, wenn schon der Blick in den Spiegel eine Zumutung war. Und jetzt, nicht einmal drei Monate nach meiner letzten Chemotherapie, soll ich wieder im Scheinwerferlicht stehen und das ganze Land aufwecken? Was werden die Zuschauer über meine kurzen Haare denken? Ist damit eh schon allen klar, warum ich monatelang in der Versenkung verschwunden war?

Diese Gedanken sind wie weggeblasen, als Eva und ich am Set ankommen. Es ist eine Welle der Freude und Empathie, die mir entgegenschwappt. Vom Security über die Kameramänner bis hin zur Regisseurin werde ich wie ein Kriegsheld begrüßt, der die Schlacht gewonnen hat. Weil aber nicht alle im Team, das relativ groß ist und sich immer wieder neu durchmischt, wissen, was mit mir los war, habe ich beschlossen, sie aufzuklären. Bei der morgendlichen Ablaufbesprechung unterbreche ich unsere Chefin am Set, Regisseurin Karin, kurz und merke schon bei meinen ersten Worten, wie die Aufregung in mir hochkommt. »Das ist für mich heute eine ganz besondere Sendung. Es ist nämlich die erste nach einem Jahr. Einige von euch wissen nicht, warum ich weg war. Ich hatte Lymphdrüsenkrebs und musste über vier Monate lang eine Chemotherapie machen. Es war alles andere als lustig, aber jetzt bin ich wieder gesund und ich freu mich wahnsinnig auf die Sendewoche mit euch«, erkläre ich in ruhigem Ton, aber mit etwas zittriger Stimme. Ob es an der frühen Uhrzeit oder meiner Aufregung liegt, weiß ich nicht.

Als ich die letzten Worte spreche, sehe ich erst das Erstaunen und Entsetzen in manchen Gesichtern. Okay. Es haben offenbar doch einige nicht gewusst. »Zum Glück bist du wieder gesund!«, »Wahnsinn!«, »Heftig!«, so oder so ähnlich lauten die Kommentare meiner Kollegen. Es ist ihnen nicht zu verübeln. Die Selbstverständlichkeit, mit der ich hier im Morgengrauen über meine Krankheit erzähle, musste ich mir auch erst erarbeiten. Eine große Hilfe dabei war die Reha mit vielen Gleichgesinnten. Wenn ich überlege, wie schwer mir das Wort »Krebs« noch vor wenigen Monaten über die Lippen gekommen ist, ist es fast unglaublich, wie einfach es jetzt geht. Nach dem kurzen »Krebs-Briefing« nimmt alles seinen gewohnten Lauf. Schminken, Verkabeln, Regieprobe und nebenbei viel Blödeln und Lachen mit Eva. Wahnsinn, hat mir das gefehlt. Dann alle auf Position. Die Stimme unserer Regisseurin zählt den Countdown zum Start der Sendung. Drei, zwei, eins und los geht's.

»Guten Morgen Österreich, an diesem Montag, den 7. September 2020. Schön, dass Sie mit uns in den neuen Tag starten«, sage ich in die Kamera und es fühlt sich an, als wäre die letzte Sendung erst eine Woche her gewesen. Ich fühle mich wohl, gesund und fit – nicht zuletzt dank der regelmäßigen Sporteinheiten mit meinem Fitnesstrainer Patrick – und genieße es richtig, wieder arbeiten zu dürfen. Schon kurz nach Sendungsbeginn trudeln die ersten SMS und WhatsApp-Nachrichten von Freunden und Familie ein. »Super schaust du aus, wie nach einem langen Urlaub ;)«, schreibt eine Freundin. Das tut gut. Man sieht mir meine Krankengeschichte offenbar wirklich nicht mehr an. Auch innerlich fühle ich mich stark. Stark und ruhig. So stressig unser Job in der Früh auch ist, ich fühle mich viel gelassener, auch generell. Ein herrliches Gefühl. Und so talken, moderieren und scherzen wir uns durch knapp drei Stunden Morgen-Fernsehen, als wäre nie etwas gewesen. Ach ja. Da war ja doch noch etwas. Corona. Gleich in unserer ersten Meldung geht es um Jugendliche, die sich mit dem Virus infiziert haben und in Quarantäne müssen. Dass das Virus mich länger beschäftigt als meine Krankheit, hat sich am Ende also doch noch bewahrheitet.

PS: Übermorgen feiere ich meinen 37. Geburtstag. Es ist eigentlich der zweite in diesem, sagen wir, sehr speziellen Jahr 2020, das ich ab sofort hoffentlich nicht mehr als Einsiedler-Krebs verbringen muss.

DONNERSTAG, 31. DEZEMBER 2020

Eine Achterbahnfahrt ist gegen dieses Jahr 2020 eine gemütliche Tour mit der Liliputbahn. Einmal mit hundert Stundenkilometern bergab, ohne Gurt, hunderte Loopings – zum Glück bisher ohne mich zu übergeben – und ganz kurz, bevor ich am Boden aufpralle, schleudert es mich mit voller Power wieder in die Höhe. Würde dieses Fahrgerät im Prater oder einem anderen Vergnügungspark stehen, würde es wohl »Cancer-Dancer« heißen.

Fast ein Jahr ist seit meinem ersten Tagebucheintrag vergangen. Als ich das Schreiben damals für die Psychohygiene begonnen habe, war mir nicht klar, dass daraus ein Buch wird. Zu privat. Geht keinen was an. Nach reiflicher Überlegung habe ich mich dennoch dazu entschlossen, meine Geschichte zu veröffentlichen. Während ich diese letzten Sätze für heuer schreibe, hadern hunderttausende Menschen, ob jung oder alt, mit einem ähnlichen Schicksal. Sie sind krank, müssen eine Chemo über sich ergehen lassen und hoffen und bangen jeden Tag, dass sie wieder gesund werden. Für sie und ihre Angehörigen soll dieses Buch ein Mutmacher sein.

Vor wenigen Monaten war nicht klar, ob ich jemals wieder gesund werde. Die Chance war zugegeben nicht klein, aber versprechen konnte es mir keiner. Dass ich überhaupt noch da bin, ist trotzdem großes Glück. Denn wie ich mittlerweile weiß – zum Glück erst jetzt – hätte ich ohne Behandlung nicht länger als ein paar wenige Wochen überlebt. Ich wäre gar nicht am Krebs gestorben, sondern an einem Hirnschlag, weil der Tumor in der Brust die Blutzufuhr abgeschnitten hätte.

Heute, am letzten Tag des Jahres, bin ich wieder zurück im Leben. Und das stärker als je zuvor. Meine erste Nachsorgeuntersuchung ist absolviert (alles in Ordnung) und ich fühle mich fit, gesund und bin von meinem Opa-Sportprogramm wieder zurück zu dem eines 37-Jährigen gekehrt. Die Corona-Kilos bin ich trotzdem noch nicht ganz los.

Auch beruflich habe ich ein Krebs-Comeback hingelegt. Mein Einsatz für die ORF-Sondersendungen anlässlich des Terroranschlags in Wien hat mir sogar eine Auszeichnung bei der Wahl zu den Journalisten des Jahres eingebracht. Für meine »ruhige und fundierte Berichterstattung« in dieser dunklen Nacht hat man mir einen Sonderpreis verliehen. Wow. Das tut gut. Vor allem in diesem Jahr, in dem ich so gehofft habe, wieder meinen geliebten Beruf ausüben zu können. Auch zahlreiche Zeitungsinterviews habe ich mittlerweile gegeben. Ein komischer Rollenwechsel, wo doch normalerweise ich derjenige bin, der die Fragen stellt. Wer hätte das gedacht? Vor ein paar Monaten war ich wochenlang nicht auf der Straße und habe außer meiner Wohnung und dem Krankenhaus nichts und fast niemanden gesehen. Und plötzlich lache ich als »Journalisten-Aufsteiger des Jahres« aus den größten Zeitungen des Landes heraus. Völlig verrückt.

Was diese meine Geschichte aber zeigt, ist: Es kann immer anders kommen als man glaubt. Und es lohnt sich, nicht aufzugeben, auch wenn der Weg ein harter ist. Meine Krebs-Zeit kommt mir mittlerweile vor wie aus einem anderen Leben.

Auch wenn mich immer wieder Gerüche oder Bilder, etwa von Infusionen in einer Arztserie, gefühlsmäßig zurück in mein Spitalszimmer katapultieren, es hat für mich ein neues, zweites Leben begonnen. Eines, in dem ich stärker und gelassener bin als zuvor. Und in dem ich – Achtung, jetzt wird's kitschig – die kleinen Dinge zu schätzen weiß. Wer so wie ich nächtelang im Krankenhaus verbracht hat, weiß plötzlich, wie schön es ist, im eigenen Bett zu schlafen. Oder aufzustehen, ohne dass einem irgendetwas wehtut. Gott, ich höre mich schon an wie ein Achtzigjähriger. Aber so eine Krankheit mit all ihren Entbehrungen und Erfahrungen lässt einen eben reifen und anders auf das Leben blicken.

Auch Freunde, die ich ohne den Hodgkin nie kennengerlernt hätte, habe ich in diesem Jahr gefunden. Meine Reha-Bekanntschaft Daniela und ihr Mann sind mittlerweile zu wirklich guten Freunden geworden, mit regelmäßigen Esseneinladungen – zwischen den Lockdowns, derzeit läuft gerade Nummer drei – und viel gemeinsamem Lachen.

Trotzdem hoffe ich, dass das kommende Jahr ein wenig ruhiger wird. Achterbahn bin ich heuer genug gefahren. Ich bin bereit für die Zwergerlbahn. Mit Maske oder ohne. Egal. Prosit!

EPILOG

Als der Autor dieses Buches an mich herangetreten ist, mit der Bitte, ein paar Zeilen dafür zu verfassen, habe ich mich zwar sehr gefreut, war aber auch skeptisch, ob ich als Arzt und Mediziner den stilistischen Anforderungen eines studierten Journalisten gerecht werden würde. Letztendlich überzeugt, diesen Epilog zu schreiben, hat mich die Person, Patrick Budgen, als Betroffener selbst, ein Mensch mit Diagnose Krebs.

Des Autors Vorgabe war, das Hauptaugenmerk in diesem Nachwort auf die Herausforderungen, denen wir uns als Behandler und Behandlerinnen von Krebspatientinnen und -patienten stellen mussten, zu richten. Nichtsdestotrotz soll, im Gegensatz zu all dem, was ich schreiben werde, der Betroffene im Vordergrund stehen.

Der geneigte Leser wird mir recht geben, dass es keinen guten Zeitpunkt gibt, um krank zu werden oder gar die Diagnose einer Krebserkrankung gestellt zu bekommen. Sicher ist jedoch, es gibt keinen denkbar ungünstigeren Zeitpunkt als am Beginn einer weltweiten Pandemie.

Im Dezember 2019 erreichten uns die ersten Berichte aus Wuhan in China über eine hochinfektiöse virale Lungenerkrankung mit zum Teil dramatischem Verlauf. Zunächst dachte man lediglich an ein lokales Problem. Doch schnell wurde man sich der Ernsthaftigkeit der Lage bewusst – die Erkrankung breitete sich in noch nie dagewesener Geschwindigkeit über die ganze Welt aus. Kein noch so modernes Land war auf eine derartig beispiellose Gesundheitskrise vorbereitet. Auch in Österreich hat sich unser alltägliches Leben mit dem 16. März 2020 drastisch verändert. COVID-19 beeinflusst uns in jeder Minute unseres Tagesablaufs, in jeder Minute unseres Handelns. Und auch vor unseren Spitälern haben diese Veränderungen nicht Halt gemacht – eine enorme Herausforderung für Patientinnen und Patienten, Angehörige, Ärzte und Ärztinnen, Pflegeberufe und nicht-medizinisches Personal.

Besonders betroffen sind Patientinnen und Patienten mit einer Krebserkrankung, sei sie nun hämatologischer oder onkologischer Natur. Krebspatientinnen und -patienten sind aufgrund ihrer Erkrankung und speziell während einer systemischen Therapie wie der Chemotherapie durch ein »geschwächtes Immunsystem« generell besonders anfällig für Infektionen. Erste wissenschaftliche Daten aus China bestätigen die erhöhte Ansteckungsgefahr, verbunden mit schwereren Krankheitsverläufen und leider auch höheren Sterberaten einer COVID-19-Infektion. Somit ergibt sich als oberste und wichtigste Zielsetzung: Wie schützen wir unsere Patientinnen und Patienten vor, während und nach der Therapie im Spital, aber auch zu Hause? Welchen Rat können wir für das häusliche Umfeld, das Zusammenleben mit Partner, Kindern und Familie, aber auch für den Arbeitsplatz in einer so speziellen Situation geben? Viele benötigen zu Hause Betreuung und Unterstützung – Abstand halten – der »Babyelefant« – ein Ding der Unmöglichkeit? Zu diesem Zeitpunkt gab es nur unzureichende medizinisch-wissenschaftliche Literatur über sinnvolle und vor allem sichere Maßnahmen zur Vermeidung einer Ansteckung. Gerade am Anfang der Pandemie waren Schutzausrüstung und Corona-Tests rar.

Aber unsere Patientinnen und Patienten mussten und wollten wir weiter versorgen und therapieren. Nach Informationen aus der Lombardei in Italien sowie aus anderen stark betroffenen Gebieten war bald klar, dass eine wichtige Drehscheibe der Virusübertragung die Spitäler selbst waren. Deshalb wurde der uneingeschränkte Zugang zu den Krankenhäusern von den Behörden limitiert und die Menschen, wo immer möglich, zu Hause oder im niedergelassenen Bereich betreut. Zweifelsohne war das eine sehr wirkungsvolle Maßnahme, um Infektionsketten zu unterbrechen oder zu unterbinden, die aber eine enorme Belastung für die Behandlung krebserkrankter Menschen darstellt, da diese fast ausschließlich im Spital erfolgt. Angst und Sorge vor einer möglichen COVID-19-Infektion im Krankenhaus ist für diese Patientinnen- und Patientengruppe ein ausgesprochen schlechter Weggefährte und musste tunlichst vermieden werden.

Die ersten Wochen des strengen »Lockdowns« mit Zugangsbeschränkungen, Selbstisolation, sozialer Kontaktvermeidung, angeordneter Spitalsfrequenz-Minimierung et cetera ließen unsere Telefone schier heißlaufen. Was tun mit einem fiebernden Patienten? Ist es eine Nebenwirkung der Therapie, der Krebs oder gar COVID-19? Wer braucht eine Behandlung vor Ort und wer kann telemedizinisch gut beraten werden?

Klare Konzepte wurden erstellt, wie stationäre und ambulante Konsultationen stattfinden könnten. Diese Prozesse mussten aufgrund der sich fast täglich ändernden Vorgaben stetig modifiziert werden. Triagestationen und Triagezimmer für akute Aufnahmen wurden eingerichtet. Grundsätzlich hat das sehr gute Vertrauensverhältnis zwischen hämato-onkologischen Ärztinnen und Ärzten und den Krebspatientinnen und -patienten geholfen, klare Entscheidungen zu treffen und es ist zumeist gelungen, die richtigen Schritte zu setzen.

Viele Therapiekonzepte wurden, wo möglich, der individuellen Risikosituation und dem Wunsch der Patientinnen und Patienten entsprechend adaptiert. Vor allem haben wir unsere Organisation in Tagesklinik und Ambulanz völlig umgestellt und unsere veralteten Räumlichkeiten so gut es ging »coronasicher« gemacht.

Aber was tun, wenn ein Mitarbeiter oder eine Mitarbeiterin trotzdem krank wird und wir die Versorgung nicht mehr aufrechterhalten können? Das musste um jeden Preis verhindert werden. Wichtige Besprechungen über Krankheitsfälle und viele Sitzungen konnten nicht in gewohnter Form abgehalten werden. Das hat unseren Tagesablauf förmlich auf den Kopf gestellt.

Besonders betroffen waren unsere interdisziplinären Tumorkonferenzen, die auf ein absolutes Minimum der Anwesenheit unterschiedlicher Expertinnen und Experten reduziert wurden. Zum Teil konnte später auf virtuelle Treffen wie Videokonferenzen umgestellt werden. Schwierigkeiten haben uns die mangelnde technische Ausstattung der Abteilungen und der plötzlich einsetzende weltweite Engpass dieser Technologie bereitet.

Eine Behandlung, ohne Kenntnis des genauen Ausmaßes und der Ausbreitung einer Krebserkrankung, ist nicht sinnvoll. Diese Problematik betrifft vor allem die Diagnostik mittels bildgebender Verfahren wie Röntgen, Ultraschall oder Computer- und Magnetresonanztomographie. Auch hier entstand ein Nadelöhr durch die erwähnten Zugangsbeschränkungen und Sicherheitsmaßnahmen.

Wurden diese Herausforderungen einmal gemeistert und ein Behandlungskonzept erstellt, führt uns das zur nächsten offenen Frage, zur Frage nach der aktuellen Verfügbarkeit von Medikamenten. Hochkomplexe Verfahren zur Herstellung dieser modernen Heilmittel verlangen sichere Produktionsstätten, die leider sehr oft in andere Länder ausgelagert wurden. Sind die Medikamentenlager der Pharmaindustrie gut bevorratet und kann die Versorgungssicherheit während der gesamten Pandemie gewährleistet werden?

Zusammenfassend kann ich festhalten, dass wir sicherlich mangels guter wissenschaftlicher Evidenz mehr Fragen als Antworten haben. Auch wissen wir, dass alle Maßnahmen, die wir implementieren, nie für alle Patientinnen und Patienten richtig sind. Wir können nur unser Bestes geben und hoffen, dass das Vertrauen zu unseren Patientinnen und Patienten weiter bestehen bleibt. Gemeinsam werden wir diese Krise meistern.

Prim. Doz. Dr. Hannes Kaufmann,
Vorstand 3. Med. Abteilung für Onkologie und Hämatologie,
Klinik Favoriten

DANK!

An dieser Stelle möchte ich mich bei all jenen Menschen bedanken, ohne die ich diese Zeit nicht so unbeschadet überstanden hätte. An erster Stelle steht meine Familie. Danke euch fürs Zuhören, Mutmachen, Tränentrocknen und die unzähligen Taxidienste ins Krankenhaus und wieder zurück. Ich habe euch sehr lieb.

Was wahre Freunde und Freundinnen sind, habe ich in dieser schweren Zeit erst so richtig verstanden. Menschen, die um jede Uhrzeit für einen da sind, sich wirklich um einen sorgen und einen auch in schweren Stunden zum Lachen bringen. Danke, dass es euch gibt!

Das Kaiser-Franz-Josef-Spital (Klinik Favoriten) kannte ich vor meiner Krankheit nur von einigen Dreharbeiten dort. In den vielen Monaten 2020 ist es zu meinem zweiten Zuhause geworden, in dem ich mich den Umständen entsprechend sehr wohl gefühlt habe. Das liegt allen voran an Dozent Dr. Hannes Kaufmann, der Ober-Doc, und seinem fantastischen Team, das sich mit viel Herz und Professionalität um mich und die vielen anderen Patienten dort gekümmert hat. Ein spezieller Dank gilt auch Oberschwester Alexandra Knöbl und ihrem ganzen Team der onkologischen Station D. Danke für euren Humor, das Zuhören, Mutzusprechen und die Netflix-Tipps. Es ist unfassbar, was ihr leistet und kann gar nicht genug geschätzt werden.

Ebenfalls bedanken möchte ich mich bei Dozent Dr. Marco Hassler und seinem Team des Sonnberghofs in Bad Sauerbrunn. Nie im Leben wäre ich in so kurzer Zeit wieder so fit geworden, hätte ich die Reha in diesem wunderschönen Ambiente nicht gemacht. Ich freue mich schon auf den nächsten Aufenthalt bei euch.

Und auch meinem Arbeitgeber ORF gilt ein großer Dank. Es ist keine Selbstverständlichkeit, dass man ohne Druck und Angst davor, seinen Job zu verlieren, wieder gesund werden kann. Ich danke meinen Chefinnen und Chefs für die Unterstützung und die vielen aufmunternden Worte.

Und Danke auch an die Leserinnen und Leser, denen ich mit diesem Buch hoffentlich ein wenig die Angst vor dem Thema »Krebs« nehmen konnte. Wollen Sie mir schreiben? Einfach ein Mail an

einsiedlerkrebs@budgen.at